欲望で捉える
デジタルマーケティング史

森永真弓

太田出版

はじめに

マーケターのみなさんは、2003年に、世界3大広告賞の1つ「カンヌライオンズ国際クリエイティビティ・フェスティバル（当時はカンヌ国際広告祭）」で初のチタニウムライオンを受賞した「BMW Films」をご存知かもしれません。

YouTubeがない時代に「ブランデッドムービー」の先駆けと言われる動画で、当時としては破格の予算によって実現した映画のようなクオリティが、デジタルマーケティングが広告業界を大きく変えていく、そんな未来を示した作品の1つです。10Kバイトほどのインターネット広告が史上初めて掲出されたのは、その約10年前の1994年。そこから「BMW Films」までのテクノロジーの急成長のきっかけは何だったのでしょうか？

インターネット広告黎明期の革命的施策とされる「BMW Films」も、進化の始まりにすぎませんでした。さらに数年後、一世を風靡したのが「UNIQLOCK」です。このときはブログの全盛期。「UNIQLOCK」も2008年に「BMW Films」同様、チタニウムライオンを獲得しています。時計のリズムに合わせてダンサーが踊り続けるブログパーツが、広告メディアとして拡散したのは、影響力のあるブロガーたちが存在したからです。では、そもそもなぜブロガーが登場し、発信者として主導権を握るようになったのでしょうか？

「BMW Films」と「UNIQLOCK」という2000年代の代表的なインターネット広告をここで挙げたのには理由があります。手法も、ブランドも、国も異なる事例であったにもかかわらず、デジタルマーケティングを考える上での共通点があるからです。

背景にはインターネットに関わる人々の「欲望」が絡んでいます。広告の戦略論ではよく、ニーズやインサイトという言葉が使われますが、ここで言う「欲望」はもう少し根元的なものです。儲けを増やしたい、手間を省きたい、効果を確認したい——。デジタルマーケターだけではなく、さまざまなプレイヤーによる、さまざまな欲望は、互いに交錯することで広告業界のＤＸ（デジタルトランスフォーメーション）に繋がっていきました。

そして今や、デジタルを駆使してデータを取得・分析・活用してマーケティング全体を統合していく「デジタルマーケティング」は企業にとって欠かせないものになっています。マーケティングにデジタルが活用されないことはほぼなくなりました。これは言い換えれば、わざわざデジタルマーケティングに「デジタル」と冠す意味が薄れてきているということです。

デジタルではないマーケティングと区別するための「デジタルマーケティング」という言葉がなくなろうとしているとしたら、次のステージで求められるのは、デジタルか／デジタルではないかだけで計るのではない、さまざまな強みを取り入れた統合的マーケティングのはず。

新聞広告やテレビCMを主戦場に発展してきたマスマーケティング、そしてデジタルマーケティング。両者の強みを知るにはどうすればよいのでしょうか？

まず歴史を知ることが重要です。本書では、デジタルマーケティング史を軸とすることで、そこに絡むマスマーケティングの影響や、今、目の前にあるテクノロジーが生まれた理由を浮かび上がらせることを企図しています。インターネット上の広告枠に出稿する広告が登場したのが1990年代後半。そこからのデジタルマーケティング史を、流行のテクノロジーや当時の社会情勢も一緒に振り返ることで、その強みと課題、今後の進化のベクトルも明らかになるでしょう。

キーワードになるのは「欲望」。それはあらゆるマーケティング活動において、起点となるものであり、マーケティングを解く鍵でもあります。マスマーケティングと違って、デジタルマーケティングでは、発信者と受信者の立場が入り交ざります。そして参加者という新しい立場も生まれました。そんなプレイヤーたち、業界、企業、生活者の欲望を入り口として、年代ごとに広告業界の変化をまとめていきます。

テクノロジーによって、どんなコミュニケーション手法が加わったのか。欲望が変化する中で何を大切にして、どう受け取ってもらえるよう設計するのか。現代の「デジタル（ネイティブな）マーケター」にも、「（デジタル出身ではない）マーケター」からも、相互理解の鍵が見つかるはずです。

年表

１９６９年	世界初のパケット通信ネットワーク「ARPAnet」がアメリカで誕生
１９９４年	世界初のバナー広告掲出
１９９５年	マイクロソフトがＯＳ「Windows 95」発売
１９９６年	Yahoo! Japan、サイバー・コミュニケーションズ、 デジタル・アドバタイジング・コンソーシアムが誕生
１９９８年	アップルが「iMac」発売 Googleが誕生
１９９９年	ＮＴＴドコモがｉモード搭載端末を発売
２０００年	世界初の検索連動型広告が誕生（日本上陸は２００２年）
２００２年	ブラックベリーがＰＤＡ「BlackBerry」発売
２００３年	カンヌ国際広告祭にチタニウム部門新設、グランプリをBMW Filmsが受賞
２００４年	日本ではＳＮＳ「mixi」が、アメリカではＳＮＳ「Facebook」が誕生
２００５年	「YouTube」がアメリカでサービス開始（日本上陸は２００７年）

２００６年
雑誌『TIME』が「Person of the Year」として「Ｙｏｕ」を選出

２００７年
アップルが携帯電話「iPnone」を発売（日本上陸は２００８年）
第54回カンヌ国際広告祭のサイバー部門・フィルム部門のグランプリをEvolutionが受賞

２００８年
第55回カンヌ国際広告祭のチタニウム部門グランプリをUNIQLOCKが受賞
アメリカでリーマンブラザーズが経営破綻

２０１０年
チュニジアでジャスミン革命

２０１１年
カンヌ国際広告祭が「カンヌライオンズ 国際クリエイティビティ・フェスティバル」に名称を変更
日本で東日本大震災

２０１３年
ＮＴＴドコモが「iPhone」の取り扱いを開始

２０１５年
国連でＳＤＧｓ採択

２０１８年
ケンブリッジ・アナリティカ事件
ＥＵで一般データ保護規則施行

２０２０年
アメリカでカリフォルニア州消費者プライバシー法施行
アップルが標準ブラウザでサードパーティCookieのサポート終了

２０２２年
改正個人情報保護法施行（予定）

２０２３年
Googleの標準ブラウザでサードパーティCookieのサポート終了（予定）

目次

2章 2000〜2003年：デジタルマーケティングが存在価値の証明を模索した時代

3章 2003〜2008年：情報発信者の変化がもたらした新たな変化

4章 1999〜2010年：モバイルという、もうひとつのデジタルマーケティング市場

5章 2008〜2011年：リーマンショックによる強制的な変化の加速

6章　2011～2013年：デジタルを使わないマーケティングが存在しない時代へ

7章　2013～2016年：デジタルマーケティングと、マスマーケティングの相互理解の鍵

1章

90年代後半

デジタルマーケティング業界は
どのようにして誕生したのか

01 アマチュア無線のように広がったインターネットの世界

そもそもインターネットの始まりは、1969年にアメリカで誕生した、世界初のパケット通信ネットワーク「ARPAnet」と言われています。当時はアメリカと旧ソ連との冷戦時代で、電話に替わる新しい通信手段として分散型のネットワークが研究される中、今のインターネットの原型が生み出されました。そのような軍事的背景から誕生したインターネットですが、アメリカを中心に世界中の研究者が活用するようになるにつれて、インターネットの利用者は短期間で広がっていきました。

日本の研究者の間でも、アメリカに遅れるかたちでインターネットが広がっていきます。そして研究者や大学から、さらに一般の生活者への広がり方は「アマチュア無線」が生まれたときに近いものでした。

アマチュア無線はもともと、新しいテクノロジーへの関心が高い人たちが、腕自慢的な自己顕示欲で広げていった側面があります。世界中の見知らぬ人々と自宅から通信機で会話ができる、というコミュニケーション欲求を叶え、そのために技術を磨き、そこで磨いた技術を仲間と共有して楽しむ世界がありました。

インターネットも、アマチュア無線同様、デジタルテクノロジーにおける「腕自慢」の技術者たちがその発展を担っていきました。そういう点においては、資本の論理と政府による放送権の許認可によって生まれたテレビ放送とは、完全に違うかたちで発展したメディアであると言えます。

また、インターネット以前に主流だった電話は特性として、「リアルタイム」が前提の通信手段です。片方のユーザーから発信されたその瞬間に、もう片方のユーザーは受け取ることが期待されています。

双方が時間的に「同期」していることが必須のコミュニケーションだったと言えます。それに対してインターネットは、初期の段階から、「非同期」の双方向コミュニケーションができることが、まったく新しい価値としてユーザーを魅了しました。そして、リアルタイムではないコミュニケーションの代表格といえば手紙でしたが、メールはそこにスピードという価値を付与しました。送り手と受け手のタイミングが一致しなくてもコミュニケーションができる、その上、見たいときにすぐ見られるということに、初期のインターネットユーザーたちは大きな驚きを感じたのです。

02 インターネットの世界を前進させた Windows、iMac

1995年頃から、インターネットという新しいメディアとして社会的に認知されるようになり、その今までにない価値、魅力が知られるようになっていきました。1995年には実際、その年に最も流行した言葉を選ぶ、新語・流行語大賞で「インターネット」がトップ10入りを果たす等、世間から注目されていたことがわかります。

そしてインターネットの普及を大きく後押ししたのが、「Windows 95」の発売です。1985年にマイクロソフトが開発した、GUI（グラフィカルユーザーインターフェース）を採用したパソコンの基本ソフトウェア、Windowsの改良版として1995年に発売されました。Windows 95搭載パソコンは、はじめからインターネットに接続できる機能を搭載しており、大ヒットした結果、世界中で一気にインターネットの利用人口が増えました。日本でもこの頃から、インターネットユーザーが一気に増えていきます。

インターネットのユーザー増加をさらに後押ししたこの時代の出来事として、1998年にアップルから発売された、ディスプレイ一体型デスクトップ機の「初代iMac」の登場が挙げられるでしょう。カラフルなスケルトンボディは、マウスやプリンター等の周辺機器にもスケルトンブームを起こし、今まで事務的なグレー一色だったパソコンのイメージを変えました。さらに、接続が簡単なUSB端子の採用によって、パソコン業界全体のUSB化が進行。機械に弱い人間にも周辺機器等が扱いやすくなりました。ファッションアイコン化と使いやすさ、そして何よりもリーズナブルだったことによって、今まで興味がなかった層にまでインターネットが広がっていきました。

その少し前、1994年にはウェブページ作成ソフト「ホームページ・ビルダー」が登場し、専門知識なしで、個人が気軽にウェブページを作れるようになり、年を追うごとに一般の生活者が作るウェブページの数は増えていきました。

90年代後半になると個人だけでなく、企業も広報や採用希望者に向けて自社サイトを作ることが一般化していき、「魅力的なウェブサイトを作りたい」というニーズが高まっていきました。企業からサイトの制作を請け負うウェブサイト制作会社も続々と誕生し、その中には後のライブドア（旧名オン・ザ・エッヂ）のように大きく成長していくベンチャーも生まれました。

03 インターネットユーザーの欲望が生み出したインターネット広告

新しいテクノロジーに驚き興奮し、このテクノロジーを使いこなしたいという欲望を抱いたインターネットユーザーたち。さらにWindows 95、初代 iMac という製品で市場を席巻したマイクロソフトやアップル等のＩＴ企業を中心に発展してきたインターネットの世界ですが、「ここに人が集まってきているのだから、広告枠を作って広告費を取れば、ビジネスになり、収入を得られる。そうすれば自分たちのインターネット環境を維持・向上できるのでは？」と考える人が出てきました。

そのようにして登場したのが「バナー広告」です。世界では１９９４年に、『Wired』のデジタル版だった「Hot Wired」に掲載したＡＴ＆Ｔ等の企業の広告が、後に史上初のバナー広告として知られるようになります。

日本でも、1996年に「Yahoo! Japan」がサービスを開始し、バナー広告を取り扱い始めました。人が集まるところには、必ずそこを広告メディアとして使いたいというニーズが出てきます。インターネットユーザーの増加にともなって、インターネットに広告メディアが生まれる土壌ができていったのです。

1996年には、電通とソフトバンクの共同事業としてサイバー・コミュニケーションズ（現CARTA COMMUNICATIONS）が、そして博報堂、アサツー ディ・ケイ、読売広告社、アイアンドエス・ビービーディオー、デジタルガレージ、徳間書店の共同出資でデジタル・アドバタイジング・コンソーシアムも設立されました。これら2社は設立当初からYahoo!やマイクロソフトのインターネット広告を取り扱いました。1998年にはウェブサイトやブログ、ソーシャルメディア等、複数の広告媒体にまとめて広告を配信するアドネットワーク事業を開始しています。例えばいくつものウェブサイトやブログ、ソーシャルメディアに広告を掲載しようと考えたとき、1つずつ申し込みをするのはとても大変です。しかしあらかじめ広告枠がパッケージされたアドネットワークを利用することで、一度の手続きで出稿も広告費の支払いも完了。アドネットワークは、複数の媒体に、手間をかけずに出稿したい広告主の欲望に適うものでした（図1）。

さらに1999年、任意団体として「インターネット広告推進協議会（現 JIAA：日本インタラクティブ広告協会）」が設立されました。媒体社、広告代理店等インターネット広告に関わる企業が集まり、ガイドライン策定・調査研究・普及啓発等の活動を始めました。これにより、バナーサイズ等サイトによってバラバラだった広告企画が標準化され、さらにインターネット広告の活用の手間が減りました。一気に産業として拡大していったインターネット広告市場でしたが、歴史がとても浅かったこともあり、インターネットを信頼される広告メディアとして発展させたいという欲望の表れだったのではないでしょうか。

しかし、90年代後半の日本は、バブル崩壊により広告予算が減っていたとはいえ、依然としてテレビCMを中心とするマス広告が圧倒的に重要視され、力を持っていた時代です。テレビCMで商品やサービスに対する話題や注目を獲得し、売り場に向かわせ、割引やおまけ等のプロモーショングッズで刈り取るという設計が定石でした。

図1　アドネットワーク

広告主に代わって、アドネットワーク事業者が
広告枠をパッケージすることで煩雑さと手間を軽減

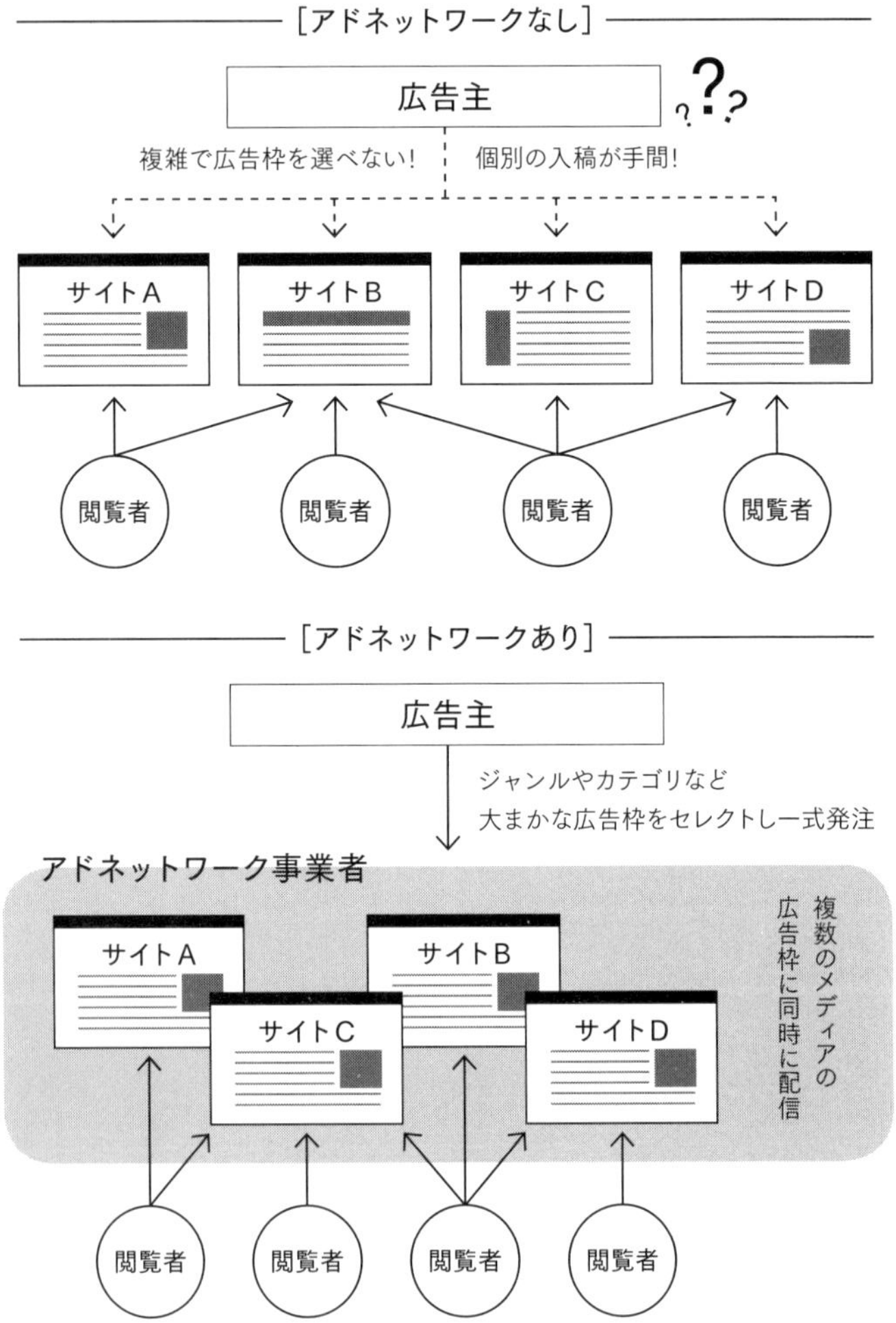

当時のインターネットは、日本の多くの企業にとって実験的な場であり、先進的な企業に見せるための手段にすぎず、広告出稿されたとしても、既存の広告クリエイティブ画像をそのままウェブページに貼り付けるだけ、というものがほとんどでした。

04 人材の流入により急成長したインターネット業界

アマチュア無線のように広がったと冒頭に述べましたが、エンジニアの「趣味の世界」という側面が強く、玉石混淆だったインターネットの世界が大きく変化する、1つの転機がありました。

それは、当時大きな話題となっていた「2000年問題（Y2K）」です。2000年問題とは、「コンピューター西暦2000年問題」の略称。当時のコンピューターが、西暦を下2桁のみで認識する様式を基本にしていたため、2000年に切り替わるタイミングで西暦の変数が「99」から「00」となり、システムの誤表示や誤動作等が大規模に発生するのではないかと世界中で懸念されていたのです。

この問題に対応するために、企業ではコンピューターシステムのプログラムの修正やシステムの再構築が必要となり、大手のシステム開発会社はエンジニアとなる人材を大量に採用しました。90年代後半は就職氷河期で商社や広告業界が採用数を抑える中、システム開発会社がIT系の人材を積極的に採用する動きが出てきたのです。

一気にシステムエンジニア人材を確保する必要があったため、従来の採用母体であった理工学部の学生だけでなく、それまでITに縁のなかった文系の学生をシステムエンジニアとして採用するようになりました。「文系のエンジニア就職」という言葉が生まれ、学生の間でも「人手が不足しているIT業界なら、文系でも内定がもらえる」と噂になりました。システムエンジニアを目指して入社した文系の学生が、希望職ではない営業に回されるという事態も頻発しましたが、就職先が少ない超氷河期においても、やはりIT業界は文系学生から魅力的な就職先とされていたようです。

また、この時期から、企業でも1人1台パソコンが与えられるようになりました。システムエンジニアに限らず、一般的な会社員も仕事をする上で、ある程度パソコンが操作でき、表計算ソフトやワープロソフトが使えることが素養として求められるようになってきました。こうして、ビジネスの世界でもインターネットに参入する企業の数が増えていき、新たなインターネット産業の作り手やユーザーが増えていったのです。

05 Googleの誕生

ウェブページの数やインターネットを閲覧するユーザーが増え、日本では1996年にYahoo! JAPANがサービスを開始。「livedoor」「goo」等、検索エンジンやニュースコンテンツ等を備えた、ポータルサイトが続々と誕生しました。

この当時、Yahoo! JAPANに代表される初期の検索エンジンは、検索エンジンを運営する会社のエンジニアが、検索結果の表示される順を実質的に決めていました。しかし、当然ながらその方式では、検索結果の序列にエンジニアの好みや考えが反映されてしまうことになります。

それは検索の欲望にそぐわない方式だったと言えます。インターネットユーザーが検索エンジンを利用するのは、知りたい情報を調べたい、自分の要件にふさわしい情報が真っ先に出てきてほしい、という欲望があるからです。インターネットで情報検索するという行動が一般化するに従い、個人の恣意的な意図を介入させない、情報の価値に基づくフェアな序列の検索結果を見たい、というニーズが高まっていきました。ウェブページの内容を正しく評価し、求める情報を適切に表示してくれる検索エンジンがほしいという声が上がりだしたのです。そんなインターネットユーザーの欲望から生まれたのが、インターネット世界に文字通りの〝革命〟をもたらした「Google」でした。

Googleは1998年、アメリカ・カリフォルニア州にあるスタンフォード大学で産声を上げた企業です。創業の理念に「世界中の情報を整理し、世界中の人々がアクセスできて使えるようにすること」を掲げ、そのための方法として「みんなの役に立つ検索エンジンを作る」ところからスタートしました。

計算機科学と数学の天才であったラリー・ペイジとセルゲイ・ブリンの学生2人が、「ページランク」というまったく新しい考え方に基づいて構築したGoogleの検索アルゴリズムは、それまでの個人の主観を基にしていた検索エンジンに比べて、圧倒的に客観的な検索結果を自動的に表示することを可能にしました。

1章

KEYWORD

ARPAnet

1969年にアメリカ国防総省の高等研究計画局(ARPA:アーパ)がスタートさせたネットワーク

GUI

画面上のウィンドウやアイコン等で、コンピュータを視覚的に操作できる方式

バナー広告

画像やアニメーションを使った広告

アドネットワーク広告

複数の広告枠をパッケージ化した広告

コンピューター西暦2000年問題(Y2K)

西暦1999年から2000年になると同時にコンピュータが誤作動する可能性があるとされた社会問題

ページランク

検索エンジンのGoogleにおける掲載順を決めるための評価指標

2章
2000～2003年
デジタルマーケティングが存在価値の証明を模索した時代

01 加速度的に発展するインターネットの世界

2000年代に入ると、通信環境も大きく変化しました。2001年には日本でADSLサービス「Yahoo! BB」が登場。Yahoo! BBは月額利用料金が当時の競合ADSLサービス相場のほぼ半額という安さで、家電量販店やイベント会場等で無料でADSLモデムを配るという営業手法もあり、爆発的にユーザーを増やしました。

そして、登場半年で全ADSL契約者のシェア2割となる49万ユーザーを獲得。他の事業者たちも追随して利用料金を大幅に値下げせざるをえなくなり、もともとプロバイダ料金を含んで月額5000円ほどだったADSL回線の利用料金は、月額3000円程度にまで下がりました。

加えて、Yahoo! BBの最大通信速度は、他の事業者が提供していた最大1・5Mビット／秒を大きく上回る８Ｍビット／秒。当時はインターネットユーザーのほとんどが電話網を使用したダイヤルアップ接続で、接続時間に応じた電話代もかかっていました。

それに比べてＡＤＳＬ回線は格段に速かった上に、ダイヤルアップ接続とは違い、インターネットの常時接続も可能になりました。インターネットユーザーたちはＡＤＳＬに飛びつき、インターネットが社会に加速度的に普及していったのです。ちなみに、その後２００３年には、家庭向けの光回線も登場したことで回線の高速化が進み、２００５年に日本のインターネットの世帯普及率は、80％を超えるようになります。

02 検索広告による広告の民主化

ページランクというアルゴリズムでインターネット業界に革命をもたらしたGoogleは、広告産業にも革命をもたらしました。Googleが短期間で巨大企業へと成長していく契機となったのが、2000年に世界で初めて「検索連動型広告」を実装したことです。

例えば「広告代理店」と検索したとき、Googleの通常の検索エンジンは、ページランクの高い広告代理店のウェブサイト等を最初に表示しますが、その上に広告の枠を設け、「広告代理店」というワードを買っている会社が、上部に表示される仕組みを作ったのです。この広告部分こそ、同社が提供する広告出稿サービス「Google AdWords（現Google広告）」で、インターネット広告の成長の源泉となった運用型広告の元祖のような存在です。

日本には2002年に上陸しました。「インターネットに情報があふれる中で、最善な検索結果を表示してくれる検索エンジンがほしい」というユーザーの欲望を受けて、Googleが開発したロボット型検索エンジンは当初から圧倒的な機能を誇っていましたが、それを維持し、さらに精度を高め、世界の何億人もの人々が使用できるようにしていくためには、巨額の資金が必要となります。その資金を得るための方法として、Googleは検索連動型広告という新しいインターネット広告の手法を開発し、成長していったのです。

本格的に大企業のデジタルマーケティングが始まる以前、インターネット広告をうまく活用していたのが、個人や中小企業でした。Googleは2001年に日本オフィスを開設し、Google AdWords等を利用する企業をサポートするチームを発足しました。

GoogleがAdWordsで導入したオークション形式による検索連動型広告出稿のシステムは、極論を言えば1円からでも広告を出稿できるシステムです。このオークション形式のシステムとサポート体制により、今まで体力のある大企業しかできなかった広告活動を、個人や中小企業もできるようになったのです。さらに、アフィリエイト等成果に対して広告料を支払う「成果報酬型広告」も登場。この2つには初期投資やリスクが少ないというメリットがありました。そして、クレジットカードがあれば直接申し込めるという実施の簡易さも後押ししました。これはある意味、「広告の民主化」がなされた、と言うこともできるでしょう。少ない投資で、望めば誰もが〝広告主〟になれる、あるいは〝広告メディア〟の立場で収益を上げられるようになったからです。

テレビCMを出稿できるような大企業にとって、インターネットのもたらす影響は微々たるものでしたが、それまでテレビCMを出稿する力がなかった中小企業や個人にとって、安い費用で自社商品の発信を叶えるインターネット広告は、マーケティングの強力な武器となっていきました。

中小企業の中には、検索連動型広告によって売上が10倍に伸びた会社も多数出てくるようになります。それまで商売の規模が小さく、限られた商圏でしかビジネスを展開できていなかった企業が、世界中の人々が見ているインターネットに広告を出すことで、潜在顧客と出会う機会が飛躍的に増えることとなり、売上が大きく伸びたのです。

03 効果を証明して存在価値を認められたいデジタルマーケティング業界

2000年から2003年にかけては、インターネット広告の担い手たちが、自らの「存在証明」を模索していた時代とも言えます。中小企業は前述の通り、インターネット広告を積極的に活用し始めていましたが、インターネットに広告を出稿しても、既存の広告効果検証手法では、効果が証明されないため、大企業からは価値や効果が認められない時期が続いていました。

実際、この頃の一般的なインターネットの利用方法は、電子メールでのコミュニケーションと、検索エンジンを使った情報検索が中心です。インターネットユーザー数がまだまだ大規模ではなかった上に、見ているサイト、読んでいるメールがばらばらでした。1つのインターネット広告に触れる人数はまだまだ少ない状況です。そうなると、広告効果を計測するためのアンケート調査で、「このバナー広告を見ましたか?」「このウェブページを見ましたか?」と尋ねても、テレビCMの場合と同じ規模の〝数値として見える結果〟が出てくるわけがありません。調査結果では、インターネット広告の効果はないに等しいものだったのです。インターネット広告を売りたいという欲望を持つ広告事業者側は、企業に対して効果をなんとか示すために、必死になって論拠となる数字を見つけようとしていました。

そうして、価値証明のために出てきたのが「インクリメンタリティ(増分割合効果)」と呼ばれる概念でした。ここで使われるインクリメンタリティとは、「広告効果によるビジネス成果の純増分」を意味します。要するに「その広告を出稿することで、出稿しなかった場合と比べて、実際に商品がどれだけ売れたか」を示す数値です。これであれば、インターネット以外の広告と比べた数値の大小ではなく、増えた

図2　インクリメンタリティ

店頭施策をして増えた売上や口コミで増えた売上等は広告の純増分とは言えないが、広告活動の影響がゼロとも言い切れない

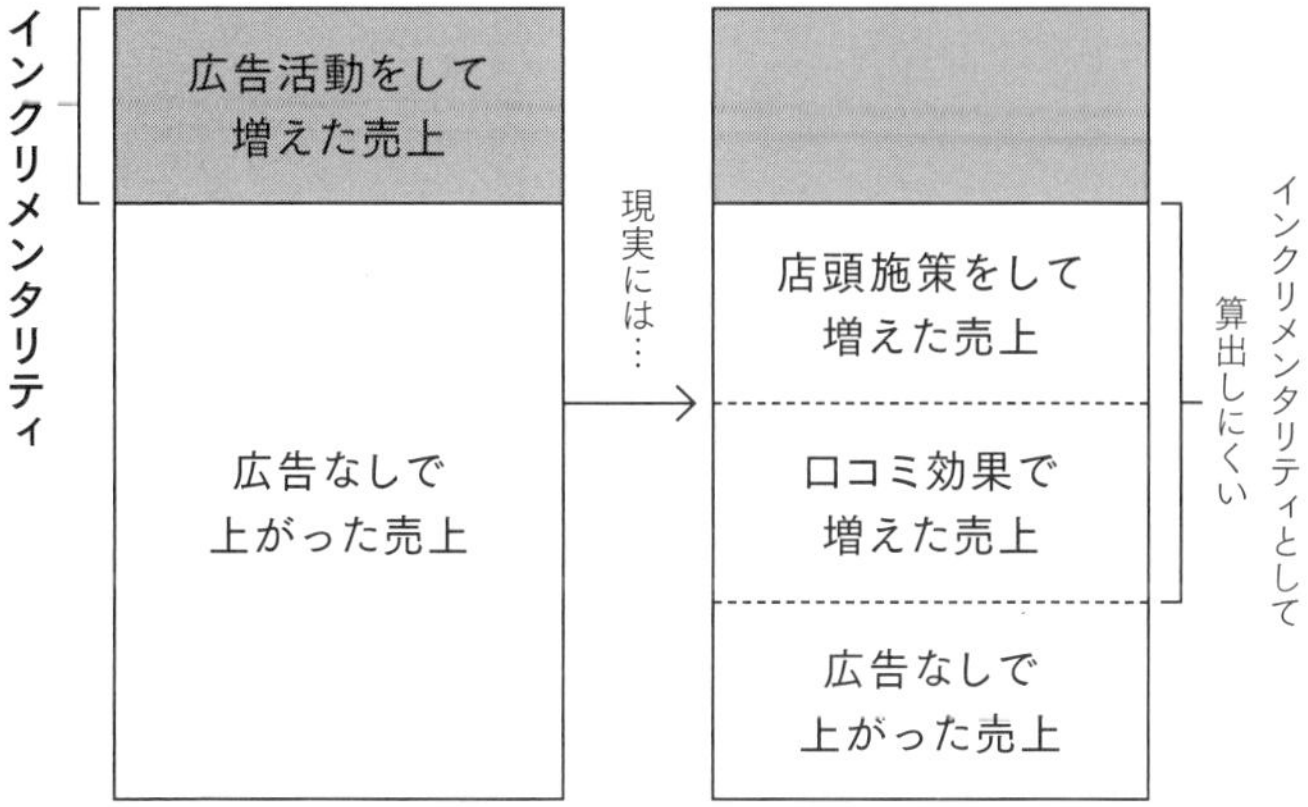

か／増えなかったかにフォーカスすることが可能になるはずですが、それも当時は理解されにくく、なかなか有効な手段とはなりえませんでした。

例えば、シャンプーのメーカーがテレビCMを流した後に、実際に自社のシャンプーの売れ行きが増加したとします。その売上増加がCMの影響なのか、それともCMに合わせて店頭の展開を強化したためなのか、はたまた別の要因なのか、正確に把握できなくてはいけません。しかし、広告そのものがどれだけ売上に繋がったのかを把握するのは、容易なことではないのです（図2）。

今でこそ、
・広告によって態度が変わり、購買意欲が高まった人
・広告に接触する前から、もともと購買意欲が高かった人（広告にかかわらず購買意欲があった人）

を分けて広告効果を把握し、PDCA＜Plan（計画）→Do（実行）→Check（評価）→Action（改善）＞をうまく回すことが、効果的なプロモーションを実施するポイントだということは広く知られています。しかし、この時代は広告業界も広告主もこのことを十分にはわかっていませんでした。なぜなら、現在のような統計学に基づくデータ分析を行う手法が確立しておらず、広告業界に「データサイエンティスト」と呼ばれる統計データを分析できる人材がほとんどいなかったからです。インクリメンタリティはマーケティングにおける重要な概念ですが、十分なデータの裏付けがあってこそのものでした。

しかし、この時代にインターネット広告に携わっていた人々が、自分たちのインターネット広告の効果を証明するために必死にがんばったからこそ、ログの解析をはじ

めとする広告効果の分析技術がどんどん発達し、本書の後半に述べるように、インターネット広告がテレビCMと双璧をなすような巨大な広告メディアとなったのです。

04 デジタルマーケティングの概念を覆したBMW Films

広告効果の計測だけに関心が集まっていたわけではありません。この時代、広告業界に大きなインパクトをもたらしたデジタルキャンペーンがありました。本書の「はじめに」でも紹介しましたが、2001年から2002年にかけて、自動車メーカーBMWが製作公開した、オンラインショートフィルム「BMW Films」はデジタルマーケティング史を語る上で欠かすことができません。

まだYouTubeも存在していなかった2000年前半、インターネット広告の多くはそのクリエイティブにクオリティを追求していませんでした。当時のインターネット広告に求められていた機能は「ブランディング」ではなく、直接的な「セールスプロモーション」だったからです。そのため、「バーゲン」「○%増量中」「今なら××がもらえる」といったお得感を訴求する表現が多く採用されました。インターネット広告は、いわば新聞折込チラシのような存在だったのです。

だからこそ、このBMW Filmsのクリエイティブに世界の広告関係者は衝撃を受けました。BMW Filmsは、企業の「ブランデッドムービー」の始まりと言われています。当時のデジタルマーケティングとしては規格外の高額な予算をつぎ込み、映像の制作にはガイ・リッチー、ウォン・カーウァイ等の世界的な人気クリエイターを起用しました。

公開にあたっては特設サイトを構築し、そこで公開された8本のオンラインショートフィルムは、それまでのデジタルマーケティング、インターネット広告の歴史において、最もハイレベルなクリエイティビティを感じさせるものでした。練り込まれたストーリーとスタイリッシュな映像は、ハリウッドの大作映画に匹敵するクオリティで、BMWの自動車が激しいカーチェイスをする様子等が作中で描かれました。

日本の広告代理店が、インターネット広告の効果を証明する方法を模索し、企業に売り込むのに必死だった時代に、BMWはターゲットを「インターネットを好む若い一部のインテリ層」に設定し、彼らに対するブランディングを目標に掲げたことも画期的でした。そして、それまではテレビCMの媒体費に投資していた予算を、インターネット広告の制作費に振り替えるというメディア戦略を取ったのです。

日本でも「デジタルマーケティング」という概念は、広告の1カテゴリとして一部のマーケターの間で認知されてはいましたが、まだここまでの存在価値は認められていませんでした。その時代にBMWはデジタルを活用した1つのキャンペーンで、デジタルマーケティングがこれからの広告業界を大きく変えていく未来を示したのです。

BMW Films は2003年、「カンヌ国際広告祭（現カンヌライオンズ国際クリエイティビティ・フェスティバル）」で初のチタニウムライオン（グランプリ）を受賞しました。現在も続いているチタニウムという部門は、BMW Films のエントリーによって生まれました。既存のフィルム部門（テレビCM等の動画広告を動画作品として評価する部門）でも、サイバー部門（インターネットを活用した広告キャンペーンやウェブページを評価する部門）でも評価しきれない、まったく新しい施策であったことから、わざわざこのキャンペーンを評価するために創設された賞でした。

そして、これを機に世界の広告業界にショートフィルムブームが起こります。日本企業も、インターネットと親和性の高い若者に向けたブランディング方法として、ショートフィルム等のウェブコンテンツを制作し、デジタルマーケティングを始めようとしました。若いクリエイターを中心に、インターネット上で新しいウェブコンテンツに挑戦し、目立つキャンペーンを作ろうとする機運も高まったのです。

この時期、もう1つ、クリエイティブ面での盛んな動きがありました。マス広告では「ただ受け取る」ことしかできなかったものが、インターネットの特徴を生かし、テクノロジーを取り入れることで「ユーザーが関与できる」ようになった広告の登場です。

オンマウスしたらビジュアルが変化したり、質問に答えることで判定される診断モノや、ゲーム性があるもの等、さまざまなクリエイティブが生まれました。この当時、カンヌ国際広告祭のサイバー部門に数多くの広告が応募されています。その中でも、2002年に金賞を受賞したWWFジャパンのバナーは、パズルゲームを遊ぶと絶滅動物への理解を深められるというクリエイティブで大変評判を呼びました。インターネットのバナー広告は、認知獲得だけでなく、楽しく理解を促す教育的働きもするという可能性を、広告業界に浸透させたのです。

2章

KEYWORD

ADSL
アナログ電話回線を利用してインターネット接続できる、デジタルデータ通信技術

検索連動型広告（リスティング広告）
検索結果の上や下に表示される広告

アフィリエイト
成果報酬型広告

インクリメンタリティ
コンバージョン全体に対する、広告による純増分

ブランデッドムービー
ブランド力の向上を目的とした動画

カンヌライオンズ国際クリエイティビティ・フェスティバル
世界3大広告賞の1つといわれる世界最大級の広告賞。2022年現在、アワードは全28部門

3章

2003〜2008年

情報発信者の変化が
もたらした新たな変化

01 情報を自ら発信したい生活者たち

日本では2003年頃から、ブログブームが始まりました。タレントの眞鍋かをりさんの「眞鍋かをりのココだけの話」をはじめ、芸能人や著名人が次々にブログを開設すると共に、一般の社会人や学生も自分のブログを開設し、自分の体験や考えを発信するようになったのです。やがて多くの読者を抱える「アルファブロガー」と呼ばれる書き手が出てくるようにもなり、彼らは得意とする分野に関して、インターネットの世界で既存メディア以上の大きな発信力を持つようになりました。

2006年には、アメリカのニュース雑誌『TIME』の「Person of the Year」に、「You（あなた）」が選ばれました。この「Person of the Year」は、『TIME』編集部がその年に最も影響を及ぼした著名な人物やグループを選ぶというアワードです。しかし同誌は同年、インターネット百科事典「Wikipedia」や「YouTube」を例に挙げ、「You（あなた）こそが、世界中のメディアや新たなデジタル民主主義を担う」として評価しました。

こうして名実共に、インターネットユーザーは、情報の受け取り手であると同時に発信者として、インターネットを飛び交う情報の主導権を握る時代が到来したのです。情報を消費するだけではなく、発信もしたい。これはインターネットと「欲望」の関わりを考える上で、とても重要なポイントです。この生活者の欲望が新たなサービスやコミュニケーション手法を生み出すことになります。

ブログブームとときを同じくして、「@cosme」や「価格.com」等のレビューサイトも日本に登場しました。それらのサイトには、実際に商品を購入したユーザーの口コミが多数掲載され、多くの生活者が商品を購入する前にインターネット上の口コミを参考にするようになっていきました。

当時、偽装や捏造等の度重なる企業の不祥事、人気テレビ番組のやらせ問題等があり、「企業やマスメディアが発信している情報の全部が、必ずしも真実のすべてを明らかにしているとは限らないから気をつけよう、騙されないようにしよう」と感じる生活者の姿勢が、自然とインターネット上の口コミ重視に向いていった側面もあるでしょう。レビューサイトの登場によってクローズアップされたインターネットによる口コミの影響は、商品の購買行動にとどまらず、企業イメージにも波及していきました。口コミは、企業に対して売上だけでなく、ブランディングにも影響していったのです。

例えば企業に問い合わせをして不愉快な感情を抱いたユーザーが、インターネットの匿名掲示板や匿名ブログに「サポートセンターに電話をしたら、怒鳴られた」等の体験に基づく批判を投稿し始めます。今まで表に出にくかった、企業の悪い部分を一般の生活者も簡単に発信・共有できるようになり、それを多くの人が見ることができるようになったのも注目すべき点です。一方で、知られざる〝あの企業のいいところ〟が明らかにされることもあり、見直されたり、ファンを増やしたりする事例も生まれました。「サポートセンターの対応が素晴らしかった」と書かれ、称賛を浴びた企業も少なくありません。

それでもこの頃から、企業がインターネット上の口コミによって不都合な真実を白日の下にさらされ、瞬く間に信用を失い、業績を大きく落とす事例も多数見られるようになりました。これにより企業側も、自分たちが伝えたいこと、都合のいいことだけを発信するのではなく、生活者の立場に立って、真に顧客にメリットのある情報を公開する姿勢が強くなっていきます。インターネットの口コミ文化の浸透は、この後も企業のマーケティング活動に大きな影響を与えることになりました。

このようにして、インターネットは、多くのユーザーにとって、いつでも誰でも発信者になることができる場となりました。それまで、世の中の多数の人々に自分の意見を伝えることができるのは、広告を通じて自社のメッセージを発信する広告主も含めた、メディアやマスコミ業界で働く一部の人々でした。インターネットは限定的だった「情報発信」を広く民主化し、結果として生活者が企業の評価を容易に行える環境が作られていきました。

口コミ文化の浸透はさらに、広告クリエイティブの表現にも変化をもたらしました。インターネットの普及によって、耳なじみのいいことだけを企業が発信しても、商品の真の価値が口コミで暴かれてしまうという世の中の変化に対応し、実験を行ったり、ユーザーのリアルなドキュメンタリー映像を制作したりといった、従来のイメージ先行の広告とは大きく違う、〝商品やサービスの真実〟から広告を作る動きが出てきました。

インターネット広告で、社会的メッセージを伝えようとする試みが注目を浴びたのもこの時期です。当時、リッチなウェブコンテンツ制作に欠かせない開発技術だったFlashを駆使したNECの「ecotonoha」は、ユーザーがパソコン・携帯電話でメッセージを書きこむたびに、それが樹木の葉（言の葉）となって表示されるアート性の高いビジュアルと、メッセージ数の増加に応じてNECが植樹を行う数を増やす環境への取り組みの両面を持っていました。完成されたコミュニケーションの提示ではなく、ユーザーの関与によって成長していく、デジタルテクノロジーを活用していること。そして企業とユーザーが共に地球環境へ関与する社会性。カンヌ国際広告祭でも高い評価を受け、サイバーライオンを受賞しました。

ユーザーの投稿をソーシャルグッドな課題解決に繋げるアイデアと美しいビジュア

ルは、当時としては画期的でしたし、現在の広告トレンドを先取りした事例とも言えるものでした。

02 生活者という発信者を活用したデジタルマーケティング手法

「ecotonoha」のようなウェブコンテンツが国内外の広告賞で高く評価される一方で、プロモーションの仕組みも整っていきます。ここでも主役は「You（あなた）」、つまりインターネットユーザーです。

コンシューマー向けの商品やサービスを展開する企業は、効果の高いマーケティング手法として「アフィリエイト・サービス」を利用するようになりました。アフィリエイト・サービスとはブログ、メールマガジンといった自分が運営するメディアで商品を宣伝し、広告がクリックされる、またはそれをきっかけに購入される、サービス契約される等、成果に応じて報酬が支払われるインターネット広告の仕組みの1つです（図3）。

アフィリエイト・サービス・プロバイダーを使えば、自宅で簡単に、ブログを使ってお金を稼げることがブロガーに周知されたことにより、アフィリエイトが本格的に普及しました。

また、企業が一般のブロガーに数十円〜数千円程度の報酬を支払い、ブログに自社商品の広告プロモーション記事を書いてもらう「ブロガーマーケティング」も登場。現在はECサービス「BUYMA」を展開するIT企業、エニグモが始めた「プレスブログ」というサービスを皮切りに、サイバーエージェント等さまざまなIT企業が似たサービスを展開していきました。

ブロガーマーケティング市場は急拡大し、多くの企業が自社の商品・サービスの宣伝に活用しました。しかし、やがて「広告と明示せずに企業から報酬を受け取って、

図3 アフィリエイト

アフィリエイターは自身のメディアに誘導リンク付きの商品紹介記事を作成

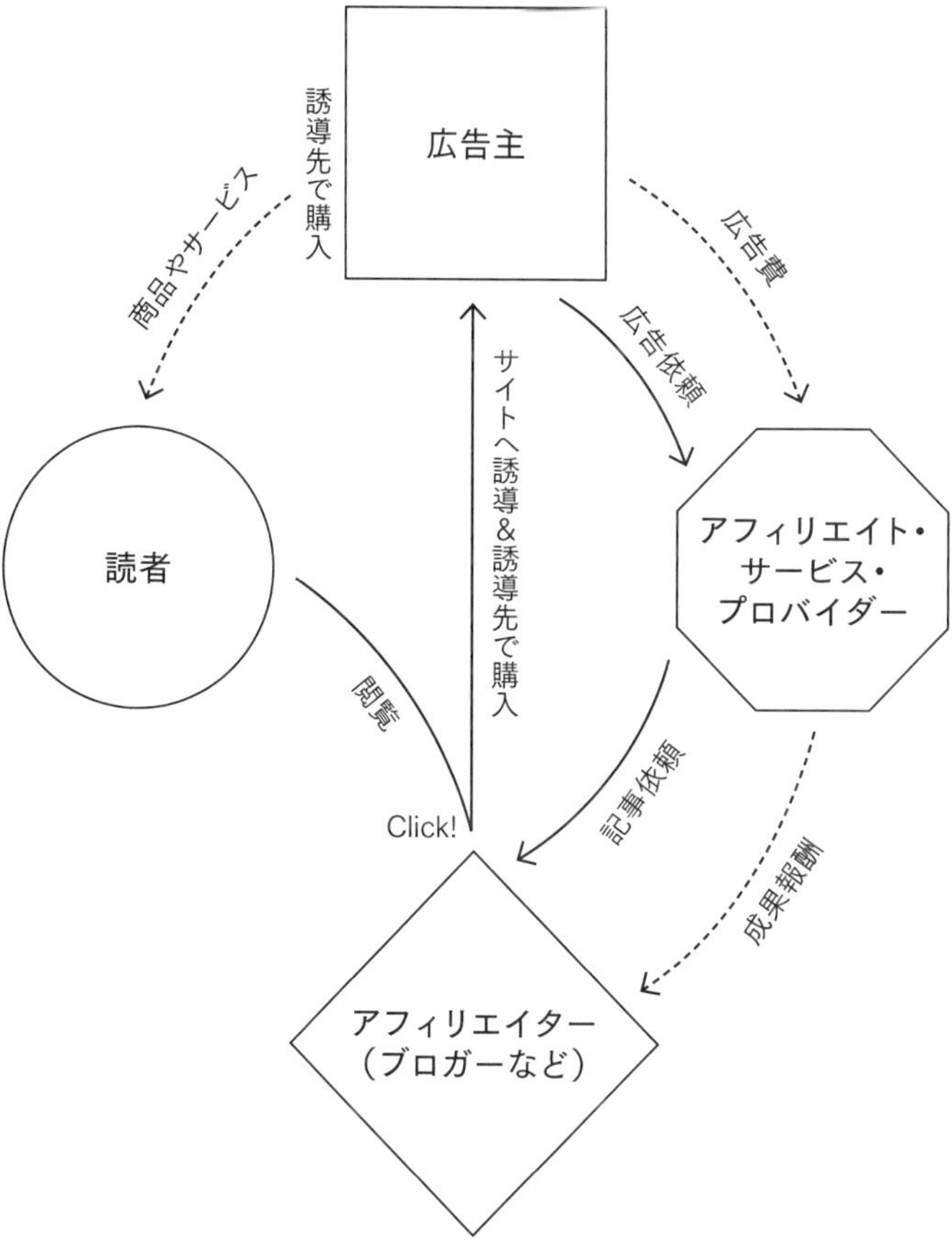

ブロガーが記事を書くのは誠実ではない」という批判が巻き起こります。後に「ステルスマーケティング（ステマ）」と呼ばれ、度々炎上して当該企業の評判を低下させる事態を起こしたことから、より透明性のある発信形態へと進んでいくことになりました。

03 生活者主導メディアを広告媒体化した UNIQLOCK

デジタルマーケティング、インターネット広告の変化について語る上で外すことができないもう1つの事例が、2007年に始まったユニクロの「UNIQLOCK」キャンペーンです。UNIQLOCKは時計の機能を備えた「ブログパーツ」で、ユニクロのポロシャツのキャンペーン活動の一環として始まりました。

ブログパーツとは、ブロガーが自身の意思で自分のブログ上に掲載できる、さまざまな機能を持ったミニコンテンツのことで、企業が用意した数行のHTMLタグをブログ記事に埋め込むだけで簡単に設置することができます。ユニクロのブログパーツは、時計のリズムに合わせてユニクロの服を着た女性ダンサーがダンスを踊り続ける、見飽きない映像が流れる機能を持っていました。UNIQLOCKの映像はとても面白く見栄えがしたことから、ブロガーの間で爆発的に拡散しました。

UNIQLOCKの重要なポイントは、ユニクロがこのブログパーツを広告メディアとして活用した、ということです。それまでは、企業がインターネット上で自社の広告をしようとすると、広告枠を購入する必要がありました。しかしUNIQLOCKは、ユーザーにとってもメリットのあるものなら、それが仮に企業の広告だったとしても、ユーザーは無償でブログに企業の広告を掲載し、自社商品を広めてくれるということを証明したのです。

このUNIQLOCKは、2008年のカンヌ国際広告祭で「ウェブテクノロジーが広告の世界を変えた」クリエイティブとして、BMW Films同様、チタニウム部門（広告の概念を前進させたものを評価する部門）でグランプリを獲得しています。

さらにUNIQLOCK以降、ますますブロガーが増加していったことから、時計やカレンダーの他、ゲーム、クイズ、ニュース等さまざまな機能を持ったブログパーツが登場します。プログラムの知識がなくても、ブログパーツを使えばオリジナリティのあるブログを作成できるという気軽さもあり、ブロガーの間でブログパーツを掲載することが流行しました。そして、そのブログパーツ内に企業の広告を表示させることにより、一般の人が情報を発信している場で、広告枠を買うことなく、企業も広告を発信することができるようになりました。

04 生活者が繋がりあい、情報を共有しあうプラットフォームの増加

時計の針を少し戻します。2000年代前半のブログブームとほぼときを同じくして、アメリカのSNS「Myspace」や「Friendster」に続き、2004年に日本でも、SNS「mixi」が誕生しました。同じ頃には、グリーもSNSサービスを開始しています。アメリカでは、MyspaceやFriendsterの人気が落ち着いた2004年、後にSNSの覇者となる「Facebook」が誕生しています。

当初、mixiはパソコンサイトのみの対応でしたが、2004年にモバイル対応し、モバイルユーザーが一気に流入します。2005年時点で会員数が100万人だったmixiは、2009年に招待制を廃止し、これによってさらにユーザーが増加。2010年には会員数2000万人を突破しました。

ＳＮＳはご存知の通り、インターネット上で人と人との交流ができるプラットフォームのことです。友達の先の友達にまで繋がっていける特徴から、卒業して以来交流のなかった高校の同級生と交流が復活し、同窓会が開催されるということも起こりました。

ＳＮＳ登場前までは、インターネット上での個人発信は、広く大勢に知らしめたいことがある、見てほしいものがある、ごく一部の人たちのものでした。インターネット普及から10年近く経つと、発信者も増え、「クリエイト力が高くないとインターネットでは発信できない」というようにハードルも高くなってきていたところへ、ＳＮＳの登場です。

「繋がっている友達だけ（もしくは、友達の友達だけ）」という閉じた世界での発信を可能にするサービスは、多くの人々の心を掴みました。そして、発信者の数を一気に増加させ、インターネット上のコンテンツ流通量を大幅に増やしました。

２００５年にはYouTubeがアメリカでサービスを開始する等、インターネット上で見られる動画の数も爆発的に増えていきました。面白い話題の動画は、ＳＮＳ上のシェアを通じて、人から人へと次々に拡散していくようになりました。そうした動画は「まるでウイルスのように（Viral）」広がりを見せることから、「バイラルムービー」と呼ばれるようになり、マーケティング業界でも耳目を集めるようになっていきます。

２００６年秋に公開され、翌年のカンヌ国際広告祭でサイバー部門とフィルム部門のグランプリを受賞した、ユニリーバのDove「Evolution」もその１つです。広告のモデルがメイクや画像編集ソフトで加工され、美しく変貌していく様子をドキュメントタッチで描くことで、「リアルビューティー（ありのままの美しさ）」をポジティブに捉えようと訴えた動画です。YouTubeに公開され、「作られた美しさ」に対して衝撃的な手法で問題提起する「Evolution」は、アメリカ屈指の視聴率を誇るＮＦＬ優勝決定戦「スーパーボウル」の中継番組で放映するテレビＣＭに引けを取らない効果を生み出しました。

こうして２００６年頃から、「バイラルマーケティング」という広告手法が流行します。バイラルマーケティングとは、アルファブロガー１人から多数の人へ情報が届く拡散だけではなく、ＳＮＳでの人と人との繋がりを効果的に活用し、多数から多数へと、不特定多数の人々に商品やサービスの情報を伝播させていくプロモーション手法のことを指します。

企業側からの公的な情報発信だけでなく、生活者自らが発信するメディアを使って、広告枠へ費用をかけることなく、企業が伝えたい情報を広めていくという、インターネットの特徴を生かしたマーケティング手法でした。

05 インターネットの地位の変化

広告を通じて自社のメッセージを発信する広告主、メディアやマスコミ業界で働く一部の人々から、一般の人々へ。情報発信の主役が「Ｙｏｕ（あなた）」に移ったことはここまでに述べた通りです。では、主役となったのは具体的に、どのようなインターネットユーザーなのでしょう？

2000年代初頭、インターネットの世界では、プログラムが書ける技術に精通した人が「イケている人」と思われていました。しかし2005年ぐらいから、プログラムが書けなくても簡単に情報発信できるプラットフォームが増えると、面白いことを日常的に発信している人が「イケている人」と認知されるように変化していきました。

インターネットの匿名掲示板サイト「2ちゃんねる（現5ちゃんねる）」や日本最大級の動画サービス「ニコニコ動画」からは、アスキーアートのような文化や、「(´・ω・`)」といった独自のネット表現、顔文字などが次々に生まれました。

これらのインターネット特有の感性からくる面白さは、やがて一部のヘビーなインターネットユーザーだけでなく、一般の人々にも認められるようになり、「リア充」のようにネット用語だと認識されていたものが女子高生の日常語になることも起こります。また、ネットスラングや〝2ちゃんねる的話法〟は、性別や上下関係を薄れさせることに繋がり、純粋にインターネット上のコミュニケーションを楽しむのに便利であると、利用が広がっていきました。インターネットユーザーにとって「イケてる」「便利」と評価された流行や価値観が、一般にも浸透してくるようになったのです。

この頃にはインターネットは、生活者にとってニッチな存在ではなくなっており、インターネットで話題になれば、それが「世の中的にも流行っている」と見なされる時代が到来しました。

厳密に言えば2000年代に入っても、日常的にインターネットに触れていたのは都市部のアーリーアダプター層が中心であり、高齢者層やレイトマジョリティ層はそれほどインターネットを閲覧していたわけではありません。しかし、特に情報感度の高い若者をターゲットとすることが多い企業や広告業界では、「インターネット上で話題になったもの（後に「バズる」という言葉になりました）は流行ったもの」と評価されるようになったのです。

そして広告業界は、インターネットで動画を日常的に楽しみ、テレビCMを目にしなくなり始めていた若者にアプローチする手段として、インターネット広告とウェブサイトを組み合わせて活用するようになっていきました。

インターネット上で話題となった動画といえば、2004年にインターネットで流行った「恋のマイアヒ」という曲があります。元は2003年にルーマニアでヒットした曲なのですが、「2ちゃんねる」の動画職人が曲に合わせてアスキーアートを活用したFlashムービーを作成し、それが「2ちゃんねる」内で大流行したのです。「2ちゃん文化」の中で当初アングラ的な流行り方をしていた同曲は、インターネットユーザーの増加と共に一般にも広く知られるようになり、やがて当時の人気番組で、国民的アイドルグループSMAPが司会を務める「SMAP×SMAP」でも取り上げられるほどの広がりを見せました。このように、お茶の間にもインターネットカルチャーが入り込むような時代に変化してきたのです。

その後も生活者の情報環境は、急速に変化が起こっていきました。文字と画像のセットが当たり前だったものから、画像だけの交流が始まり、動画も完成物をアップロードだけでなく、ネット番組的な発信形態も始まります。また、自身では一次制作はできなくとも「まとめを作る」という編集行為を発揮できる「NAVERまとめ」等キュレーションサービスの登場もあり、インターネット上の生活者による発信量も種類も拡大していきました。2006年にはテレビCMを飛ばして番組録画ができるデジタル録画機が登場し、また2008年には日本でもソフトバンクから「iPhone」が発売され、大きな話題を呼びました。さらに先述のようにYouTubeが出現したことで、動画をインターネット上で楽しむ文化が生まれ、後のテレビ離れを加速させていく土壌ができあがったのです。そしてこの頃からテレビCMへの出稿量にも影響が見え始め、インターネット広告がマス広告に対して存在感も持ち始めるようになりました。

06 大企業も見すごせないインターネットの存在感の確立

いよいよ多くの顧客を獲得するためにはインターネット広告を活用しなければならない機運が高まり、2000年代後半には広告予算の大きい大企業を中心に「インテグレーテッド・キャンペーン」という手法が確立されていきました。

2000年代までのカスタマージャーニーは、広告業界で「常識」とされていた、いわゆる「AIDMA（アイドマ）」の法則に則ってプランニングがなされていました。

AIDMAとは、注目（Attention）、関心（Interest）、欲求（Desire）、記憶（Memory）、購買（Action）の英単語の頭文字を取った言葉です。マス広告で商品認知させ、興味関心を高め、店頭に誘引し、買ってもらう、という一直線の設計が基本形でした。

その後、インターネットが普及し始めた2000年代以降は、注目（Attention）、関心（Interest）、検索（Search）、購買（Action）、情報共有（Share）の頭文字を取った「AISAS（アイサス）」という新しいモデルも電通によって提唱され、注目されました。マス広告で認知・興味を獲得し、検索してもらって企業のホームページに誘引。ホームページ上で詳細な情報を与え、商品に対する理解を促進することで商品に対する欲求を高め、店頭に送客するというカスタマージャーニーです。

テレビCM等のマス広告を起点とする一本道のカスタマージャーニーであることはAIDMAもAISASも共通ですが、カスタマージャーニーの中に「ホームページに誘導する」というアクションが増えたことが特徴です（図4）。実際、この頃にはテレビCMからホームページに誘導するために、テレビCMの最後に「続きはWebで」「○○で検索」という誘導をつけることが多くなりました。

この「続きはWebで」が急増するきっかけとなったテレビCMが、2005年から2007年にかけて放映されたライフカード「カードの切り方が人生だ」シリーズです。人生で迫られる選択のシーンをカードゲームにおけるカードの切り方に見立て、複数の選択肢を見せるCMと、それぞれのカードを選んだ続きのストーリーを視

図4 AIDMAとAISAS

AIDMAでは、Interest（関心）、Desire（欲求）、Memory（記憶）と感情段階が続くのに対して、AISASでは感情段階はInterest（関心）のみ

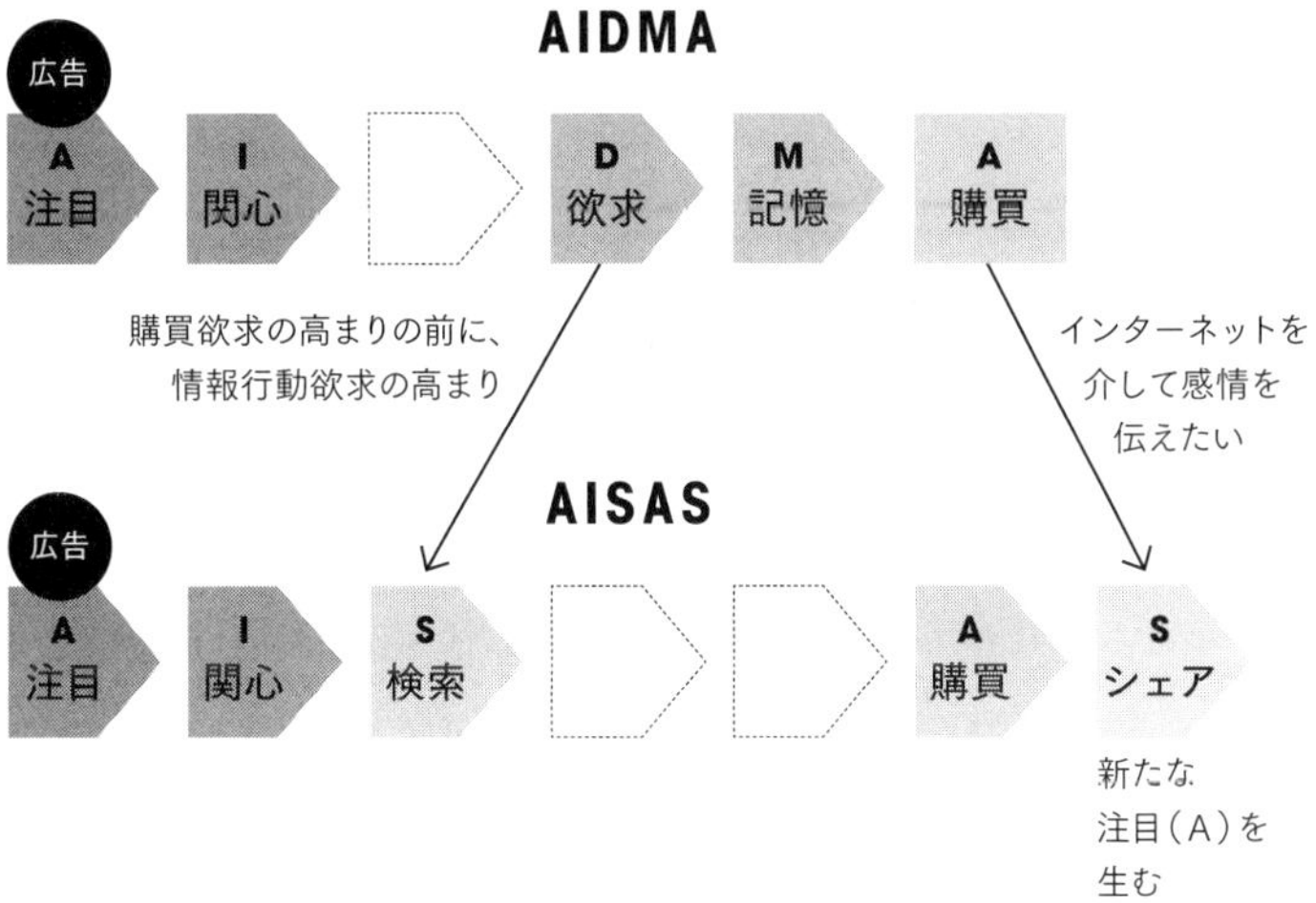

聴することができる特設ページの連動で大きな話題に。

しかし、インターネットが一般的な存在になるにつれ、カスタマージャーニーの起点がテレビCMとは限らない、ということが増えてきました。認知をするのはインターネット上の口コミかもしれないし、誰かがシェアしたバイラルムービーかもしれません。そこで興味を持った先に向かうのは店頭かもしれないし、ホームページかもしれない。最終的に購入する場所さえ、お店ではなくECサイトかもしれない。

情報への接触に関する前提の変化によ

図5　インテグレーテッド・キャンペーン

あらゆるタッチポイントがカスタマージャーニーの起点になりうる

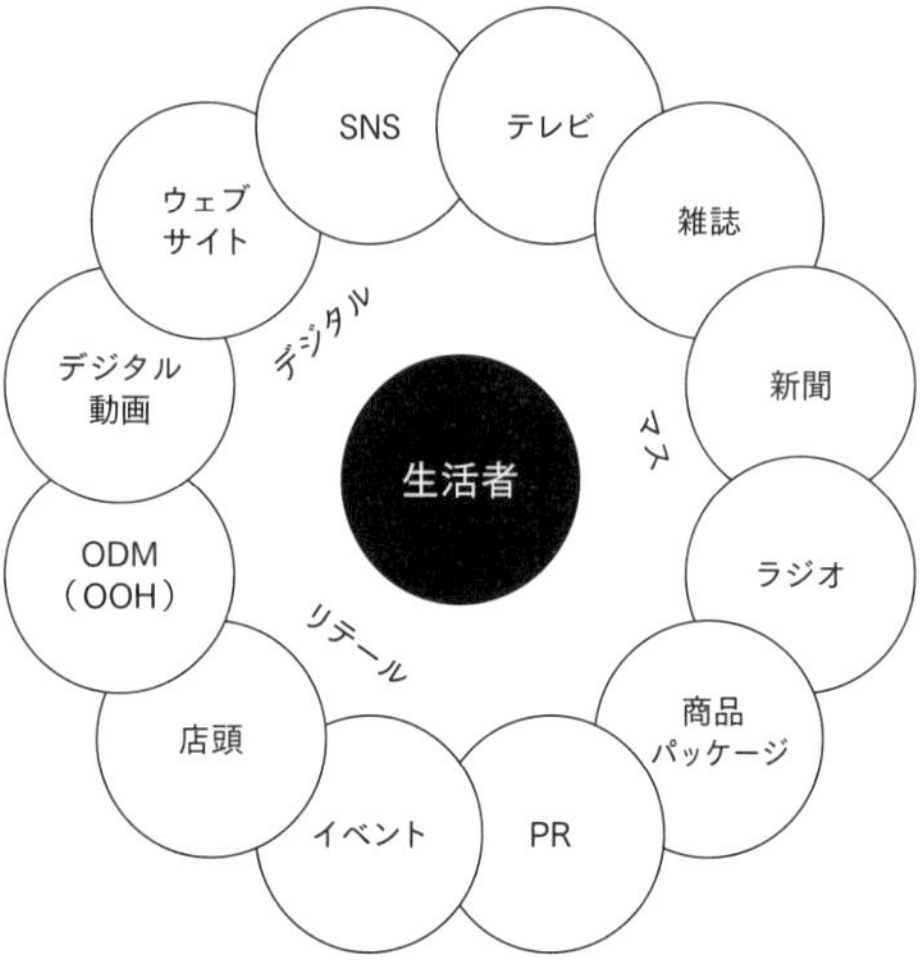

り、マス広告に加えて、アウトドアメディア（ODM/OOH）や体験イベント、店頭プロモーションやデジタルコンテンツ等、さまざまなタッチポイントの中から2つ以上を組み合わせ、カスタマージャーニーを設計するインテグレーテッド・キャンペーンが注目されるようになり、デジタルを起点にしたインテグレーテッド・キャンペーンもたくさん生まれました（図5）。

インターネットやデジタルマーケティングが、大企業にとって見逃せない存在となっていったのです。加えて、広告代理店や大企業にも、学生時代からインターネットに慣れ親しんだ世代が多く入社するようになり、企画者・発信者側にとっても、インターネットが当たり前の存在になってきたことも、インテグレーテッド・キャンペーンが台頭していった要因の1つかもしれません。

インテグレーテッド・キャンペーンにより、広告の「クリエイティブディレクター」の役割も大きく変わりました。テレビCMを作るだけでなく、生活者を動かすためのコアアイデアを何にして、デジタルも含めたキャンペーン全体をどのように設計するか、どういうメディアでどのように生活者を動かすか、カスタマージャーニー全体の設計役へと変化していったのです。役割の変化にともない、あらゆるタッチポイントを統合するために、テレビCMに精通しているだけでなく、デジタルにもメディアにもPRやイベントにも精通している必要が出てきました。インターネット広告の進化によって、求められる人材像もまた変化してきたのです。

07 インターネット広告も急速に進化

ここで、2000年代のインターネット広告の進化についてもまとめておきます。

1つ目は、「アドネットワーク」の成熟です。1998年にサイバー・コミュニケーションズが日本でアドネットワーク事業を開始しました。その後も増加するインターネットユーザーの「発信したい」という欲望によって、インターネット上のメディアが急激に増加しました。その結果、広告主はたくさんの選択肢の中からインターネット広告の出稿先を選択できるようになりましたが、一方で選択肢が増えたことで格段に増えた、メディアを探し、比較検討する手間を省きたいという欲望が生まれました。また、メディア側も「広告枠の販売の手間を省きたい」という欲望があり、ブログやウェブサイト等、複数の広告媒体を集めた、インターネット広告のネットワーク化が進んでいきました。

2つ目は、ターゲティングです。バブル崩壊以降、広告主は常に「マーケティング投資を効率化したい」という欲望を持っていました。デジタルマーケティング業界はそれに応えて、劇的に進化を遂げていきます。

効率化という側面でいうと、テレビCMはそのカテゴリや商品に興味のない人にも幅広くリーチする特性があります。裏を返せば、自社の商品やサービスに関係のない人、顧客になりえない人にも、商品を認知させ、宣伝することにお金を使っていることになります。少ない予算で大きな効果を上げるため、届けたい人にだけ広告を届けたい。ターゲティングができるインターネット広告を使って、投資の効率を上げたいと考えられるようになりました。

広告のターゲティングの種類は大きく3つあります。

①コンテンツターゲティング

②オーディエンスターゲティング

③リマーケティング（オーディエンスターゲティングからの派生）

コンテンツターゲティングとは、コンテンツの内容に関連する広告を出す手法です。例えば、料理雑誌やレシピサイトの広告枠に、電子レンジや炊飯器の広告を出稿する方法がこれに当たります。インターネット広告以前からマス広告にもあった手法でしたが、インターネット広告が登場してからは、コンテンツと広告商品のマッチングの精度がどんどん上がっていきました。

オーディエンスターゲティングは、「広告枠」ではなく「ユーザー」に向けて広告を出稿する方法です。サイトの訪問履歴や購入履歴等、ユーザーのオーディエンスデータを参照し、商品やサービスを必要として買ってくれる確率の高い人に向けて、選択的に広告を見せる手法です。こちらも、もともとダイレクトメール等にあった手法ですが、インターネット広告においては、より精緻にターゲティングできるようになりました。

リマーケティングは、オーディエンスターゲティングから派生した手法になります。一度ウェブサイトを訪れたことのあるユーザーは、そのウェブサイトの商品やサービスに対して興味やニーズが高いと認識し、再度アプローチする広告のことです。

3つ目として、「検索広告」の存在感もさらに高まっていきました。検索広告の優れたところは、効率性です。検索クエリには、人々の「知りたい」「やりたい」「買いたい」が現れます。検索クエリによる欲望の可視化により、インターネット広告の運用効率も上がります。つまり、マーケティング投資の効率が、バナー広告に比べて格段に高かったのです。

こうした各プレイヤーの欲望が深化し、それに促されるかたちでアドテクノロジーが発展していく。さまざまなニーズが生まれて、ニーズを叶える技術が開発されていくことになります。その中で新しい技術を持つ会社を、次々と買収することで大きく成長したのがGoogleです。2005年頃から、GoogleによるさまざまなIT企業の買収劇が始まります。そのとき買収した企業が後のGoogleアナリティクスやYouTube、DoubleClick等。2022年現在のGoogleの強さは、この時代に買収した企業、技術に支えられていると言っても過言ではないでしょう。

3章

KEYWORD

Person of the Year
『TIME』で1927年に始まった特集。良くも悪くもその年の出来事に最も影響を与えた人物、グループ、物を毎年末に選ぶ

バイラルムービー(バズムービー)
人から人へと拡散される動画

アスキーアート
プレーンテキストのみを用いて作成した絵

インテグレーテッド・キャンペーン
どのメディアから接触してくるかわからないユーザーに対して、メディアを統合してアプローチする手法

AIDMA(アイドマ)
広告に対する行動心理サイクルの1つ。注目(Attention)、関心(Interest)、欲求(Desire)、記憶(Memory)、購買(Action)の5つのプロセスの頭文字から命名

AISAS(アイサス)
広告に対する行動心理サイクルに、インターネット上で検索(Search)し情報をシェア(Share)するというプロセスが入った理論(2004年に電通が提唱)

カスタマージャーニー
1人の顧客が時間軸に沿って、認知、興味、比較検討、購買に至るまでのプロセス

コンテンツターゲティング
関連性の高いコンテンツページに広告配信する手法

オーディエンスターゲティング
ユーザーの属性、行動履歴等を組み合わせて広告配信するターゲティング手法

リマーケティング(リターゲティング)
訪問者データを蓄積しておき、そのユーザーに再度広告配信する、オーディエンスターゲティングの1つ

4章

1999～2010年

モバイルという、もうひとつのデジタルマーケティング市場

01 インターネットのガラパゴス「ガラケー」の世界

ここまでの話とはまったく別軸の話になりますが、日本のデジタルマーケティング史を語る上で避けて通れないのが、日本独自の「ガラケー」文化です。ガラケーとは、「ガラパゴス・ケータイ」の略。日本のモバイルインターネット環境が、世界とは異なる独自の進化を遂げたために、ガラパゴス諸島の生き物が外部と隔絶された環境で独自の進化を遂げたことになぞらえ、こう呼ばれました。

1990年代末の日本では、携帯キャリア各社が自社の回線普及率を伸ばすために、「0円」で端末を買えるキャンペーンを盛んに喧伝していました。実際には無料で端末を入手しても、月に7000円〜1万円以上の回線使用料がかかり、その継続使用料によって端末の代金も回収するビジネスモデルでしたが、端末購入の初期費用がかからないことから、0円キャンペーンによって携帯電話利用者の数は爆発的に増えることになりました。

さらに日本の携帯電話の普及を後押ししたのが、1999年2月にNTTドコモが発売開始した、携帯電話でインターネットが使えるサービス「iモード」です。iモードは日本におけるインターネット普及の最大のトピックの1つです。

ただしインターネットという同じ仕組みを使いながらも、アクセスできるのはiモードからだけ。当初はパソコンからはアクセスできないネットワーク環境でした。さらにモバイルインターネットの中でも携帯電話会社によって、その世界が違いました。当時、IDO（後のau）やJ-PHONE（後にボーダフォンを経てソフトバンクモバイル）も、iモードのような、インターネットに接続できるサイトのサービスを提供していましたが、圧倒的に回線契約者数が多いNTTドコモのiモードが、一人勝ちの状況になっていました。

一方で、このiモードの出現により、その後の日本では、ガラケーとパソコン、それぞれのユーザーが同じインターネットというものを利用しながら、別世界の住人となっていく現象が見られるようになりました。日本独自のガラケー文化は、ビジネスという点でも、この後のインターネット広告やデジタルマーケティングの進化という点でも、無視することはできない潮流となっていきます。

まずｉモードの普及によって、人々はいつでもどこでもモバイル端末から、メールで連絡を取りあうことができるようになりました。このメールは、携帯キャリア各社がユーザー向けに提供する電子メールサービス「キャリアメール」で、ｉモードの誕生以前から、携帯電話使用者には“@docomo.ne.jp”等のメールアドレスが割り当てられました。

携帯電話の普及以前は、数字しか表示できないポケベルで、数字の語呂合わせを解読しあって相手とコミュニケーションを取っていたのに対し、自由に日本語のテキストで文章が書けて相手に送れることは、圧倒的な便利さをもたらしました。そしてｉモードの出現からモバイル端末の性能も日を追うごとに進化していきます。重いデータもやり取りできるようになり、回線も大容量データを扱えるようになった結果、文字より重い画像を送ることも可能になりました。

世界初となる写真が撮れる携帯電話端末がJ-PHONEから発売され爆発的にヒット、「写メール」という言葉が誕生したのもこの頃です。絵文字やアニメーションを使ってデコレーションしたメールでのコミュニケーションや、着信メロディをダウンロードするサービス等も浸透していきました。さらに携帯キャリア各社は、他社の端末やパソコンにも、文字や動画等が送れる電子メールサービスを提供するようになり、若者やビジネスパーソンを中心に順調にユーザー数を伸ばしていきました。

また、iモードが普及した背景として、世間のITに対する感覚の変化も要因の1つとして挙げられます。1995年にWindows 95が発売された頃から「IT革命」という言葉が叫ばれるようになり、2000年代に入ると全国の小中学校にもパソコンとインターネットが導入されました。それにより、一般の人々の間でも「ITの変化についていかないと時代遅れになる」という意識が高まっていきました。

とはいえ、パソコンはまだ1台20万円~30万円と高額で、購入できる人も限られており、生活者の間では一般的な存在ではありませんでした。そこにiモードが登場したのです。実は、iモードは、すべての人にインターネットをというコンセプトで発売されました。「パソコンは買えないけれど、世間で話題のインターネットに触れてみたい、携帯でITの変化に対応したい」という多くの人々の欲望に合致したのがｉモードだったのです。

ＮＴＴドコモ側にもｉモードに力を入れる理由がありました。開発者の著作によれば、ＮＴＴドコモは当時通話料に依存するビジネスモデルに危機意識を持っていました。自社契約の携帯電話端末からインターネットを使用するユーザーが増えれば増えるほど、パケット通信料を稼げることから、「携帯電話からインターネットにアクセスできること」を広告したのです。

日本のモバイルが独自の進化を遂げた理由には、このｉモードの登場が背景に大きくあると言っても過言ではないでしょう。海外でモバイル端末からパソコンと同じインターネット環境に接続できる機器と言えるものが出てきたのは２００２年、ＰＤＡ（パーソナルデジタルアシスタント）の「BlackBerry」です。

つまりｉモードが誕生した１９９９年の時点では、日本のモバイルインターネット技術は世界と比べても圧倒的に進んでいたのです。このとき携帯電話ユーザーを、iモード経由ではなく、パソコンと同様にインターネットに直接接続させていれば、今とはまったく違う未来になっていたでしょう。しかしNTTドコモ以外の携帯キャリア各社も、自社ユーザーを囲い込む戦略を取ったことから、モバイルインターネットへの接続はキャリア別の入り口から、という状況がしばらく続きます。

その後、iモードはiPhoneの普及によって利用者数が少しずつ減少していき、2019年9月には新規加入をストップ、3G通信が停止する2026年に全サービスの終了を予定しています。

02
「ガラケー」世界のデジタルマーケティング

高額なパソコンを購入せずに、インターネットを利用したり、着信メロディや写メール等のサービスを楽しみたい、という生活者の欲望。そして、「ユーザーを囲い込みたい」という携帯キャリア各社の欲望により、キャリア別のインターネットの入り口が生まれ、パソコンのインターネット世界とモバイルのインターネット世界が分断されていったことはここまでに述べてきた通りです。

そして日本のインターネットユーザーは、パソコンユーザーよりもガラケーユーザーの数が多くなりました。特に、若者ほどモバイルからインターネットにアクセスする傾向がありました。当然のことながら、人がいるところにビジネスは生まれます。

若者がメインターゲットであるコンテンツホルダー企業は、自社サイトへのアクセスを獲得するために、iモードやIDO、J-PHONE等の公式サイトのトップ（モバイルからのインターネット世界の入り口）にバナーを貼らせてもらえるかどうかが、死活問題となっていきました。このようにしてコンテンツ業界は、当時からパソコンよりもモバイルのほうを向き、モバイル広告にも早い段階で注目し、デジタルマーケティングを行っていったのです。

2000年には、NTTドコモが電通およびNTTアドと共同で立ち上げた、iモードのメディアレップ（メディアの代わりにインターネット広告を販売する広告代理店）である「ディーツーコミュニケーションズ（現D2C）」が誕生します。まだまだ広告市場の主流とはなっていませんでしたが、大規模なメディアレップが出現する程度の市場規模にはなっていたのです。

同じインターネットでありながら、パソコンとモバイルという2つの分断されたインターネットの世界が存在していた結果、インターネット広告業界にもパソコン向けインターネット広告とモバイル広告という2種類の広告、メディアレップが登場しました。これらが日本のインターネット広告業界を特徴付けたと言えます。

またこの頃、モバイルSNSが登場しました。元祖若者SNSと呼ばれ、2004年に生まれた「前略プロフィール（前略プロフ）」が10代から20代前半の若者の間で大ヒット。また、2006年にサービス提供が開始され、中高生の間で爆発的な人気となった、モバゲータウン（現Mobage）というモバイルサイトもあります。モバゲータウンとは、無料でゲームができるだけでなく、自分の分身であるアバターを作ることができ、ミニメールと呼ばれるサービス内専用のメッセージ機能を使って、他のユーザーと交流することもでき、若者を中心に多くの人が集うようになっていきました。また、ガラケー世界でもクリエイターは輝きました。ガラケー画面で読みやすい、1行の文字数が少なく改行が多い「ケータイ小説」から大ヒットが生まれ、書籍化、ドラマ化、映画化にも発展したのです。

しかし、これらのSNSはｉモードの入り口を通らないと入れない「閉じたインターネットサイト」だったことから、ユーザーを分析したいと思っても、ｉモードを運営するNTTドコモからマーケティングデータの提供を受けるという手間がありました。そこで、モバゲータウン、前略プロフ、mixi等は、ｉモードの世界の外に出て、独自に新たな携帯電話用のウェブサイト群を作っていったのです。また、携帯電話で簡易な個人サイトが作れるサービス「ホムペ」も登場し、キャリアウェブを経由しなくてもアクセスできる携帯電話用のウェブサイトが増えていきました。特に、ホムペは日本中のギャルコミュニティの出現にも繋がる等、SNSとは別の、若年層を中心とした広がりを生んでいきました。

コンテンツ業界では活用が当たり前となっていた携帯電話のモバイル広告でしたが、それ以外の大企業や大手広告代理店にはそれほど注目されていませんでした。2章にも書いたように、当時クライアントに、パソコンのインターネット広告の価値や効果をうまく説明できていなかったため、さらにニッチなモバイル広告市場にまで意識が向けられることはなかったのです。

加えて、当時の端末はディスプレイの質が貧弱だったため、そこで表示できる画像や動画もクオリティが低く、大企業にふさわしいクオリティの広告クリエイティブが作れないと考えられていたこともあり、大企業の多くはモバイル広告市場にそれほど興味を示しませんでした。

一方で、プロモーションツールとしてのガラケー利用は拡大。今や当たり前となった「コードを入力するとその場で抽選の当たり外れがわかるキャンペーン」や、写真や画像の応募キャンペーン等は、ガラケーの普及率向上から始まっていたのです。

4章

KEYWORD

iモード
1999年にNTTドコモがスタートした携帯電話のインターネット接続サービス

ポケベル（ポケットベル）
相手のポケットベルの呼出し番号を電話すると、携帯者のポケットベルが鳴り、呼出しを行った電話番号が表示される。通話はできないが、メッセージの表示も可能

写メール（写メ）
カメラ付き携帯電話で撮影した画像を、電子メールに添付して送信できるサービス

着信メロディ
携帯電話やスマートフォンの着信音に利用する音楽配信サービス

mixi（ミクシィ）
2004年にミクシィがスタートしたSNS。親しい人を登録する「マイミクシィ」機能、自分の記事を閲覧した人物を追跡できる「足あと」機能が特徴。日本では、SNSの先駆けの1つ

Mobage
2006年に、「モバゲータウン」としてDeNAがスタートした携帯電話向けポータルサイト。SNS他、無料ゲーム、モバイルコマースも利用できる

前略プロフィール
2004年、ザッパラスがスタートしたプロフィール作成サイト（2016年サービス終了）。日本では、いわゆるプロフサイトの先駆けとして知られた

5章
2008～2011年
リーマンショックによる強制的な変化の加速

01 リーマンショックによる広告費の激減とその余波

ここからは再び、デジタルマーケティング史全体の動きを追っていくことにしましょう。本章では、2000年代後半から2010年代初頭の動きを解説します。

2008年9月に、アメリカの有力投資銀行だったリーマンブラザーズが経営破綻。それをきっかけに、いわゆるリーマンショックが起こり、世界的な株価下落・金融危機が発生しました。その影響を受けて、日本の株価も急降下し、不況に陥ります。バブル崩壊後20年にわたり経済低迷が続いていた日本にとっては追い打ちとなる状況でした。結果、企業もマーケティング予算を減らさざるをえなくなり、今までのような規模でマス広告が打てないという状態になってしまいました。マーケティング予算は年間で決まるため、はっきりとした影響が出たのは翌2009年からでしたが、各社、限られた予算の効率的なマーケティング投資に頭を悩ませます。

そこでいよいよ存在感を高めたのがインターネットでした。マス広告中心の従来型の広告キャンペーンには、多額の予算が必要となります。価格の高さに加え、少しも広告をムダ打ちできないという切実な必要に迫られたため、幅広いリーチの代わりに、ターゲットを絞れて、数字で効果がわかるインターネット広告への出稿が増えていきました。

それまでは、100の広告予算があり、テレビCMに80、雑誌や新聞に10、デジタルに10という割合で予算が振り分けられていたとすれば、リーマンショック後は実感として全体予算が100から60に減らされ、テレビCMが30、デジタルが30という割合に変化していったのです。

実際リーマンショック後に、一時テレビCMをすべて中止し、その分のすべてをインターネット広告に振り分けた大企業も存在しました。インターネット広告は単価が安く、加えてテレビCMに比べるとクリエイティブ素材の制作費相場も安いため、予算も柔軟に対応できます。また、広告の出稿効果もマス広告よりも数値で測りやすい場合が多いため、社内で稟議が通りやすかったのです。

電通の調査「2009年　日本の広告費」によれば、前年と比べて平均で11・5％減の中、インターネット広告だけが1・2％増とプラスに成長していました。地上波テレビ広告が10・2％減、新聞広告が18・6％減、雑誌広告が25・6％減と軒並み下降していた中での数字です。

リーマンショックには、もう1つ大きな余波があります。アメリカを中心に、不況にともなう人員整理等により、高度な数学や統計解析に長けた金融業界の人材（特にウォール街の優秀なソフトエンジニアたち）がデジタルマーケティング業界に流入してくる事象が生まれたのです。

その結果として、2010年頃になると、「アドエクスチェンジ」と呼ばれるサービスが台頭してきました。アドエクスチェンジとは、まるで株式市場のように広告枠をインプレッション単位で取引する広告取引市場のことです。エンジニアたちが金融業界の技術やノウハウを広告枠取引に次々と応用していったのです（図6）。この仕組みが一気に浸透した背景には、広告の効率を上げたいという広告主の欲望が大きく横たわっています。インターネット広告はマス広告に比べて、安価であることが利点でした。しかし、インターネット広告の運用に人員を割いてしまうと、せっかく広告単価が安いにもかかわらず人件費がかさみ、費用対効果が落ちてしまいます。

運用に手間がかかるアドネットワークや各媒体等を一元管理させることで、インターネット広告配信は、価格という利点をより生かしやすい環境になったのです。デジタルマーケティング業界はこの後も、広告主の効果効率という欲望にテクノロジーの進化で応え続け、さらに発展していきました。

デジタルマーケティング業界へ転出したのはエンジニアだけではありません。アメリカではすでに、インターネットの台頭で経営体力を奪われた多くの地方新聞が廃刊していました。リーマンショックはその流れを加速させ、職を失った多くの人材（記者や編集者）が企業のマーケティング部門にPR担当として雇用されます。

彼らは記事コンテンツ制作のスキルを生かし、オウンドメディアでの情報発信等に

図6 アドエクスチェンジ

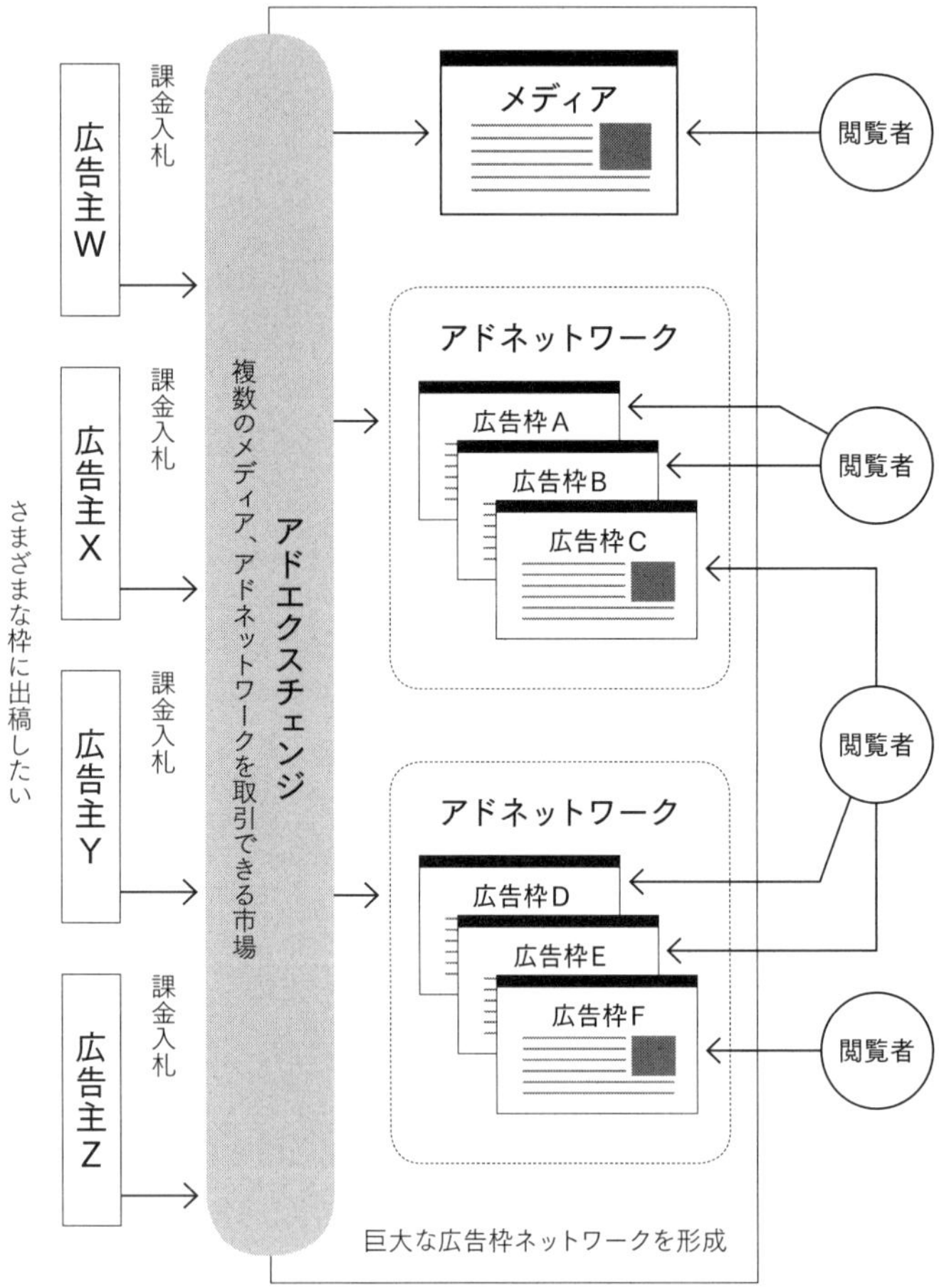

従事することになりました。デジタルマーケティングにおけるPRの重要性が高まっていたのです。

02 広告費0円露出の波

経済が大きく落ち込んだ日本でも、企業が広告に割り当てるマーケティング予算が減少していきました。そこでにわかに注目されたのが、「戦略PR」という考え方でした。自社にとって有利な論調を形成することで、自社商品への売上に繋げる、という手法です。

しかし、戦略PRはしばらくの間、「広告予算ゼロでメディアに取り上げてもらうこと」という間違った解釈をされる時代が続きました。「広告予算が少なくても、自社の商品やサービスを広く認知させ、売れる状況が作れる」「広告費を払わなくても、メディアの紹介により認知を獲得し、ブームを起こせたりする」。マーケターにとって苦しい時期だったこともあり、戦略PRをまるで魔法の杖のように表面的な現象だけで捉える人も少なくありませんでした。

似た欲望から、バイラルムービーやバズるコンテンツへの期待も高まりました。自社のコンテンツがバズりさえすれば、広告出稿なしでたくさんの人にリーチすることができるからです。

特にリーマンショック以降は国内外の広告賞でも、「広告費0円で成果を上げた」とアピールするキャンペーンが多数出品されました。広告予算が激減したこの時代、テレビCM出稿量を減らしても、もしくは一切やらなくても、それまでと同様の効果を維持し続けられるか、ということがとても重要だったのです。

また、アメリカと同様に「オウンドメディア」も注目されました。オウンドメディアとは、自社で運営しているサイトやSNSアカウントのことを指します。外部メディアで広告枠を買って誘引せずとも、自社サイトを定期的に見にきてくれる人がいれば、広告費0円で自社の商品を知ってもらうことができます。SNSアカウントをフォローしてくれさえすれば、広告費をかけることなく、いつでも自社の商品の情報をSNSアカウント経由で目にさせ、認知を獲得できるようになります。

しかし、見に来てくれる人、フォローしてくれる人がいなければ始まりません。生活者が主体的にアクセスして見たい、読みたいと思えるような、広告色の薄いコミュニケーションが重要だと考えられるようになりました。そのような考えを基に、各社SNSアカウントの運用や、コンテンツが展開される自社サイト制作に邁進しました。

2010年代に入る頃には、オウンドメディアに「エンゲージメント（絆）」という概念も定着してきました。今すぐに商品を買ってくれなくても、企業やブランドと心理的な絆をつくり、ゆるやかに繋がり続けることで、顧客になってくれる確率やリピート確率の高い生活者を増やしておこうという考え方です。

一例として、ミキハウスのオウンドメディア「出産準備サイト」が挙げられます。「出産準備サイト」はミキハウスの商品を近々に購入するであろう「子育て中の親」だけではなく、今後ミキハウスの商品を買ってくれる可能性の高い「出産準備中の人」をターゲットに作られました。出産準備中の人が読んでためになる情報を掲載し、閲覧習慣や親しみを獲得することで、顧客予備軍との絆を先んじて作り上げることに貢献しました。

そのクオリティの高さは「企業サイトは自社PRのために情報発信するもの」とされている概念を超え、メディア企業が運営するコンテンツと同等の、Yahoo!やLINEニュースへのニュース配信も始まっています。

他にも、ECサイト「北欧、暮らしの道具店」は、北欧テイストのデザインやライフスタイルが好きな人に向けて、オウンドメディアを育て続けた結果、こちらもメディア企業ではなく自社サイトであるにもかかわらず、多数の企業からタイアップ広告を受けるまでに成長しました。コンテンツクオリティが高く、ファンとなる読者をたくさん抱えることができたため、自らが広告事業者になっていったのです。

つまり、「北欧、暮らしの道具店」は、自社商品を売るための〝サイトの広告主〟であり、他社の広告をプロモートする〝広告メディア〟でもあり、それを企画する〝広告事業者〟でもあるという状態になっているのです。

マーケティングのツールとして、SNSの影響力が増したのもこの時期です。中でも2008年のアメリカ大統領選では、バラク・オバマの陣営がSNSを駆使して、支持者の獲得や支援金集めを効果的に行ったことから、新時代の選挙として世間に強いインパクトを与え、一連のキャンペーンは翌年のカンヌ国際広告祭でチタニウム部門のグランプリを受賞します。以降、SNSは口コミを広め、顧客と繋がれるツールとして、世界中で多くの施策が試みられるようになります。

日本では「Twitter等の企業の公式SNSアカウントに〝中の人〟という概念が生まれました。企業アカウントを擬人化する発想が基になっています。企業アカウントにも人格があるように扱い、その人格の基になる発信内容を制作する人のことを中の人と呼ぶようになりました。大手企業でも、中の人の言動が大きなバズを起こし、商品やサービスの売れ行きに影響を及ぼすこともありました。

03 マーケティングのインハウス化

アメリカのリーマンショックがきっかけとなり、Paid（広告）だけでなく、Owned（オウンドメディア）、Earned（PR）の3つにバランスよく取り組むこと、その一連をきちんと効果測定し、PDCAサイクルを回して効果的にマーケティングをしていこうという機運を世界中で高めました。

そして企業が運用型広告を自社で運用する、〝インハウス化〟も後押しします。自社でやるほうが広告代理店に頼むより安上がりであることに加え、蓄積した顧客データやキャンペーンの効果測定から得られたラーニングを次のキャンペーンに活用し、獲得効率を上げてマーケティング効果を最大化することがその目的でした。

また、自社SNSアカウントを運用すれば顧客との直接的な対話も可能になり、

「自社にマーケティングの知見とデータをためたい」という欲望も出てきました。

このようなインハウス化が進んだ結果、広告主自らがデジタルマーケティングの主導権を握るようになり、企業主体のマーケティングの時代が到来します。インターネットの効果や活用法に気づいたことで、デジタルを活用し、顧客データをもっと活用していかなくてはならないと考えるようになったのです。

商品やサービスを購入してくれた顧客をリピーターに、さらにリピーターからファンになってもらえるよう、顧客とのやり取りの情報を集約した管理（ＣＲＭ：Customer Relationship Management）はデジタル以前から行われていました。顧客データと電話サポート履歴を紐づける。これもＣＲＭの１つです。しかし時代と共に、顧客の価値観が多様化し変化も早くなったことで、膨大なデータの蓄積、管理が必要となりＣＲＭも、より動的になっていったのです。

5
章

KEYWORD

アドエクスチェンジ

広告が表示された回数1回を単位に売買する広告取引市場。アドネットワークがメディアのネットワーク全体への入札であるのに対し、アドエクスチェンジは広告枠への入札

エンゲージ

インターネット広告においては、Facebookのシェア、いいね、クリック。Twitterのリツイート、返信、いいね等

CRM

顧客との関係の管理

6章

2011～2013年

デジタルを使わないマーケティングが存在しない時代へ

01
今日的デジタルマーケティングの始まり

進化を続けたインターネットは、前章に書いた通り、2000年代の後半になると急激にメディアとしての存在感を増していきました。2009年には、デジタルマーケティングの世界会議「ad:tech」が日本でも開催。アジア最大級のデジタルマーケティングカンファレンス「アドテック東京」は、テレビ、新聞、出版社等の既存マスメディアの人々も登壇し、マスメディアでの知見をいかにデジタルマーケティングに生かしていくべきかが語られました。イギリスでインターネット広告費がテレビのそれを超える規模となり、日本でも新聞広告費を抜く等、インターネットが広告媒体として確固たる地位を築き上げたのもこの年です。

双方向的コミュニケーションを可能にするインターネットの影響力が増す中で、「広告」という概念も大きく揺らぐことになります。2011年、カンヌ国際広告祭

(Canns Lions International Advertising Festival)は「カンヌライオンズ国際クリエイティビティ・フェスティバル(Canns Lions International Festival of Creativity)」に名称を変更します。名称から「広告」という文字が外されたのです。

これは、インターネットの浸透により、既存の枠組みだけでは企業によるマーケティングの取り組みを語りきれなくなったことを意味しています。広告という枠を取り外さなければ、マーケティング戦略を策定できない時代を迎えたということです。デジタルマーケティングも、広告の概念の中でインターネット上の広告枠に広告を出稿する「インターネット広告」だけでなく、デジタルを駆使してさまざまなデータを取得・分析・活用することでマーケティング全体を統合していく、今日的な「デジタルマーケティング」が、ここから始まっていったのです。

デジタルマーケティングの浸透は、それまでナショナルクライアント企業が占有していた広告市場に、新たに新興企業や実力ある中小企業が参入することを可能にしました。2012年頃には、それまでインターネット上でのマーケティングに力を入れていた「レヴール」というブランドがノンシリコンシャンプーで急成長し、テレビ

CMを流す規模にまで成長し、他のメーカーを驚かせたことがありました。

レヴールは、ヘアケアやボディケア商品を展開する2005年創業のジャパンゲートウェイが販売するブランドです。インターネットを効果的に使ったマーケティングで、「ノンシリコン」という選択軸をターゲット層に広く浸透させ、テレビCMを出稿できるほど大きなブランドに成長させることができたのです。

化粧品ブランド「ちふれ」を展開するちふれ化粧品も、口コミサイトを活用して新たな顧客層へのアプローチに繋げています。ちふれは、それまではどちらかといえば年配の方向けの化粧品ブランドというイメージが強かったのですが、インターネットを効果的に使い、ブランドイメージを大きく変えることに成功。若者のユーザーを伸ばしていったのです。

デジタルマーケティングの浸透は、さまざまな業界のビジネスモデルも大きく変えていきました。2010年にはライフネット生命保険が、生命保険業界で初めてインターネットで申し込みプロセスを完結するサービスを開始しました。また、EC市場も拡大し、楽天は2009年時点で5000万人会員を突破、衣料系ECの

「ZOZOTOWN」を運営するスタートトゥデイ（現ZOZO）も急成長し、2007年にマザーズに上場することになりました。

EC市場の規模拡大によって、それまであまり生活者に認知されていなかったブランドにも耳目が集まり、多くの業界で中小企業の影響力が増していきました。つまり、認知から購入まで、始めから終わりまですべてデジタルで完結するビジネスのあり方が増えていったのです。

広告・メディア業界でも、従来のビジネスモデルに危機感を覚えた企業が、さまざまな施策をこの時期に開始しています。2013年の電通による、イギリスの大手広告代理店イージス・グループの買収がその代表です。イージス・グループはグローバル企業向けのデジタルマーケティングにおいて、かなりのシェアを持っていたことから、この買収は大きな話題になりました。テレビ局がデジタルマーケティングの経験者の中途採用を本格的に始めたことも、業界の変化を表す出来事でした。マスメディア側がデジタル化に向けて、本腰を入れる動きが始まったのです。

02 スマートフォンの主流化とSNSの浸透

スマートフォンの普及も、デジタルマーケティングの浸透を加速させました。日本の「スマートフォン元年」は2008年のiPhone上陸と言われていますが、ビジネスやマーケティングにその影響がはっきりと現れてくるのは、少し後の2013年頃になります。この頃になるとスマートフォン自体も進化し、処理速度が加速すると共に大画面化が進み、日常的にYouTubeや映画等の動画コンテンツを楽しむユーザーが増えてきました。スマートフォンほどではありませんが、タブレットも着実に普及していきます。

さて、アップルがiPhone 3Gを発表したのは遡ること2008年6月、日本でソフトバンクモバイル（現ソフトバンク）が発売を始めたのはその翌月です。

1年後の2009年7月には、NTTドコモが台湾を拠点とするメーカーHTCと組み、日本国内で初のAndroid搭載端末「HT-03A」を発売します。さらに、アップルはiPhone端末向けに「App Store」を、GoogleはAndroid端末向けに「Androidマーケット（現Google Play）」という、アプリケーション配信の仕組みを提供。スマートフォンの普及が、日本におけるモバイルのガラパゴス時代を終焉に向かわせ、スマートフォンアプリという存在が、再びインターネットに革命をもたらしました。

そのような変化の真っ只中にあった2011年3月11日、日本社会を根底から揺るがした大災害、東日本大震災が起こります。マグニチュード9の大地震と、それによって引き起こされた大津波に襲われた東北沿岸部では、多くの人命が奪われ、多大な被害が生じると共に、数日間にわたって通信障害が発生しました。震災による停電、地下ケーブルや携帯電話基地局の損壊、被災地域への通話の激増で電話回線は不通となり、被災した家族や友人と連絡が取れない状況が発生したのです。その通信障害のときにも、人々を繋ぎ、情報を届け続けたのがTwitterやFacebook等のSNSでした。実際に被災地で津波に襲われて建物の屋上に取り残された人々がTwitterに状況を投稿したことで救助された事例や、足りていない救援物資が避難所に届いた事例もありました。SNSが電話回線ではなく、インターネット回線を利用していたことから、通信各社による通話規制の影響を受けにくかったのです。官邸や自治体もSNSの公式アカウントを使って、リアルタイムで情報を発信し続けました。

混乱の中、デマ情報が拡散されるといった問題も一部には見られましたが、東日本大震災をきっかけにスマートフォンに買い換える人やTwitter等のSNSを始める人が一気に増加しました。日本では特にFacebookユーザーが増加し、2011年に1000万人、2013年には2000万人を突破しました。

また、震災から間もない2011年6月には、メッセージアプリ「LINE」が誕生します。LINEは東日本大震災をきっかけに、緊急時のホットラインとしても使えるよう、電話回線を使わないメッセージアプリとしてリリースされ、リリースから半年で1000万ダウンロードを達成しました。そして、「無料通話」と「スタンプ」機能が追加されます。スマートフォンやインターネットが苦手と言っていた多くの生活者や芸能人も、2つの機能をきっかけにスマートフォンへ移行し、LINEユーザーの増加と合わせてスマートフォンの普及も加速しました。LINEにあったのは、他のSNSのように知らない人とどんどん繋がれるオープンさではなく、知っている人同士のクローズドな世界観です。怖さや不便さを感じることもある広く浅いコミュニケーションよりも、「身近な人との繋がりを深めたい」生活者の欲望と、「今年の漢字」に「絆」が選ばれるような時代とに、LINEの戦略がマッチしたと言えます。

決定的だったのは、2013年9月、当時の携帯電話契約者数トップシェアを誇っていたNTTドコモがiPhoneの取り扱いを開始したことです。同年10月から11月にかけての携帯電話全体の販売台数でiPhoneが6割を超え、ガラケーからスマートフォンへの買い換えが加速。新規販売台数において、ガラケーとスマートフォンのシェアが逆転したのです。

実は、多くの有識者はiPhone 3Gが発表された2008年当時、スマートフォンへの移行にここから10年程度かかると想定し、結果日本の多くの企業ものんびりと構えていました。しかし、日本のスマートフォンシフトは、当初の予想よりもかなり早く進行したように思います。

ではなぜ、こんなにも早くスマートフォンが日本に普及したのでしょう？

海外のマーケティング関係者の間では、「アジア人は指先が器用だからスマートフォンのような小さな端末を操作するのが上手なのだろう」と囁かれたりしましたが、「iモードでモバイル端末からインターネットにアクセスすることに慣れていたから、スマートフォンにスムーズに移行できた」という側面もあるのではないでしょうか。

一方、アップルの本国、アメリカではスマートフォンの普及が想定よりも進みませんでした。日本とは反対に、デスクトップパソコンの操作に慣れていたため、スマートフォンの操作に慣れるのが大変だったということ、そしてスマートフォンの元祖と言われる端末、BlackBerryの存在が関係していると言われています。

BlackBerryにはパソコンと同じように物理キーボードがついており、パソコンを使い慣れた人にとっては文章入力が楽だったことや、ビジネス向けとしてスタートしたため、強力なセキュリティ機能が搭載されており、ファンがとても多かったのです。アメリカでは未だにゲームもパソコンベースですが、日本がソーシャルゲームに舵を切れたのも、ガラケーでのゲームサービス、ゲーム文化がベースにあったからだと言われています。

また、登場したばかりの頃のスマートフォンは、流行に敏感なユーザーだけが持ちたいと思うような存在でしたが、スマートフォンでインターネットに接続できるようになったことで、「パソコンは必要ない。スマートフォンで十分」と考えるユーザーが加速度的に増加していくことになりました。そうしてスマートフォンに押されて、パソコンユーザーが減り始め、2017年には明確に数字にも表れるようになりました。総務省の情報通信白書によれば、端末別のインターネット利用率は、スマートフォンの59・7%が最も高く、パソコン（52・5%）の利用率を逆転。そして2022年現在、広告業界ですら、卒論はスマートフォンで書き、家や学校でパソコンに触る機会がないまま、会社に入ってから初めてパソコンを本格的に触ったという新入社員が入社してくるようにもなりました。インターネット広告の担当をしながら、自宅にはパソコンがない社員も登場します。

　こうして急速に普及した結果、それまで多様なサービスが存在していたＳＮＳが、スマートフォン対応で明暗が分かれ、Twitter、Instagram、Facebook等、勝ち残ったサービスがプラットフォーマーとして大きな影響力を持つようになりました。

　例えば、Facebookはガラケーには対応せず、モバイル環境で使う場合はスマートフォンにアプリを入れる必要がありました。はじめからスマートフォン環境を前提にサービスが設計されていたのです。反対に日本独自に発展してきた数々のガラケーサービスは、スマートフォン対応が遅れ、多くが終焉を迎えることになりました。スマートフォンシフトに乗り遅れ、FacebookやTwitterのようなサービスとの競争に負け、消えていったメディアやサービスもたくさんあったのです。逆に、１つのヒットしたサービスのユーザー数が１００万人に到達するスピードは、２０１０年以降どんどん速くなっていきました。

03 スマートフォンシフトがデジタルマーケティングに与えた影響

ＮＴＴドコモによるiPhoneの取り扱い開始を決定打として、「ガラケー専用画面ではなく、リッチなインターネットに、常時接続したい」という生活者の欲望に応えたスマートフォンに社会全体がシフト。総体としてのインターネットユーザーを増加させたことで、変化のスピードも加速させていったことはここまでに述べてきた通りです。

スマートフォンは、生活者の購買行動も大きく変化させることになります。その特徴を象徴的に表した言葉が、２０１１年にGoogleが提唱したＺＭＯＴ（ジーモット：Zero Moment of Truth）という理論です。ＺＭＯＴは、２００４年にＰ＆Ｇが提唱したFMOT（エフモット：First Moment of Truth）理論が基になっています。

FMOTは「生活者が店頭で陳列棚を見て、その商品を買うか買わないかを決める瞬間」のことです。その理論に基づくと、パッケージやディスプレイ等、インストアマーケティングにお金をかけるべきだ、という考え方になります。

それに対してZMOTは、「生活者は、来店前にインターネット上で調べて、すでに買うものを決めている」という考え方です。インターネットが〝当たり前〟になったことで、多くの生活者は購入したいものをインターネットで調べ、さらにその商品をECか実店舗か、どこで購入するかを決めることが普通になりました。だからこそ、インストアマーケティング以上に、「日常の大きな時間を占め始めたインターネット接続時間」を狙うデジタルマーケティングが大切になっていると提唱したのです（図7）。

スマートフォンの普及やEC利用者の増加等、2010年代前半には、人の購買行動そのものにデジタルが大きく関与するようになっていました。SNSの口コミで「ほしい」商品に出会ってポチッと購入したり、テレビや雑誌で「ほしい」商品に出

図7 ZMOTとFMOTとSMOT

SMOT（エスモット：Second Moment of Truth）とは
FMOTと共に提唱されたもので「商品を買ってから、
再度買うか買わないかを評価する瞬間」のこと

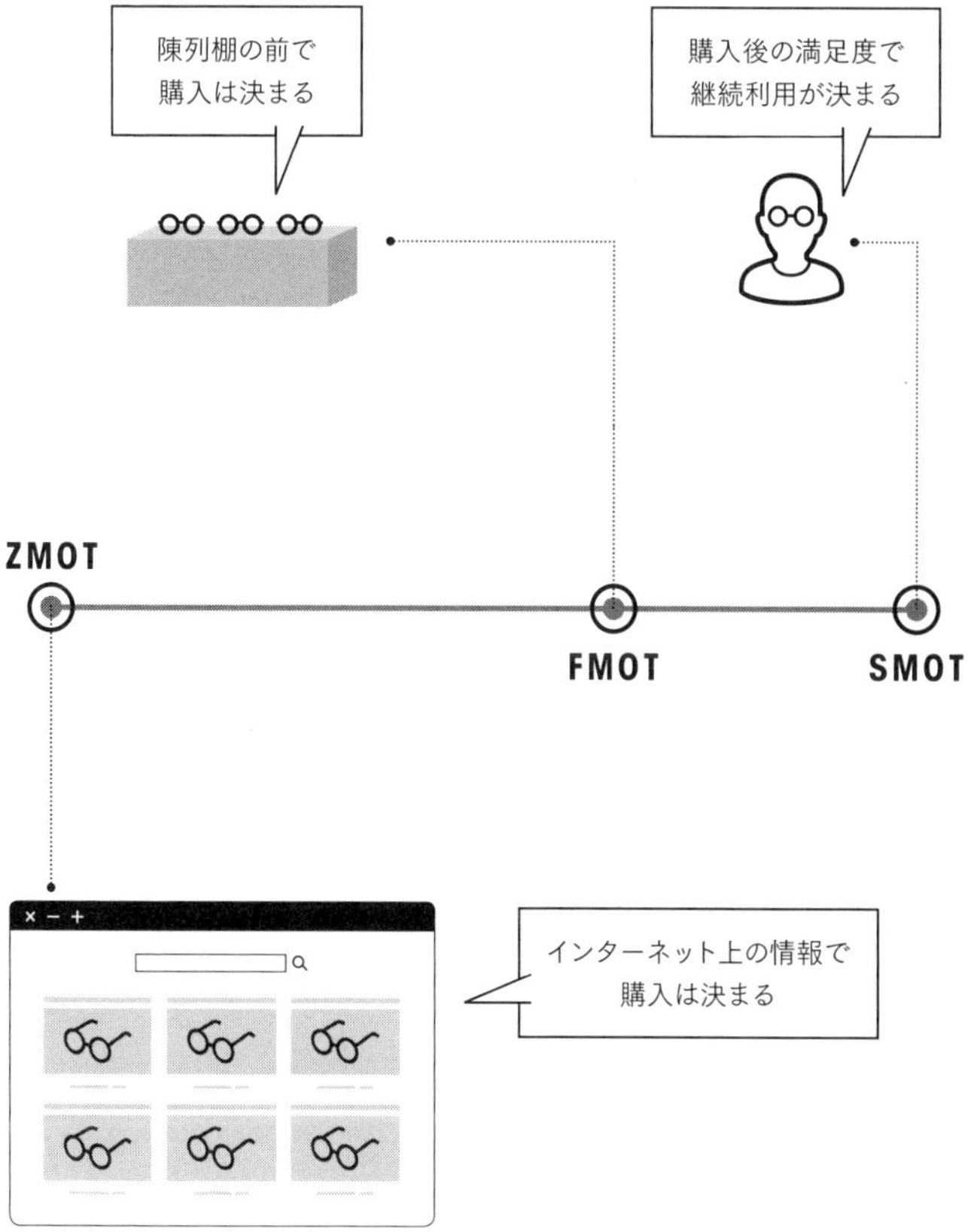
陳列棚の前で
購入は決まる
購入後の満足度で
継続利用が決まる
ZMOT
FMOT
SMOT
インターネット上の情報で
購入は決まる

会ったとしても、まずはインターネットで調べてから、という購買行動が生活者の間で〝当たり前のこと〟として根付いていきます。

つまり、インターネットは欲望の起点から終点まで、さまざまな段階の行動と不可分なのだということが社会に広く認識されていったのです。こうしてマーケティングも「デジタルファースト」に変化したと言えます。

2000年代初頭に「デジタルなんて」と施策から切り離されていたところから、「デジタルも」と存在価値を認められた時代へ。そして2010年代には、タッチポイントのプランニングや予算を考えるときに「まずはインターネット上でのコミュニケーションから」と、デジタルマーケティングの影響力が増していったのです。

04 インターネット広告の変化

通信環境に関して言えば、ユーザーにとってスマートフォンが普及する以前と、その後の最大の違いは、インターネットに場所を選ばず接続できるかどうかです。そしてインターネット利用の環境の主流がパソコンからスマートフォンに移ります。

パソコンで見てもらうことを前提に作られたウェブページはスマートフォンの小さな画面ではとても見にくく、操作しにくいため、ウェブページもスマートフォンへの最適化が求められるようになりました。同時にインターネット広告にもこれまでとは違う発想が求められるようになりました。そもそも画面の小さなスマートフォンに、パソコンと同じ発想でバナー広告を作って出稿すると、小さな画面の多くの部分が広告コンテンツで占有されることになり、ユーザーに不快感を抱かせる可能性が高くなります。せっかく費用をかけたバナー広告が逆に邪魔者扱いされてブランドイメージを悪くしては本末転倒です。生活者の目的の中心は、そのウェブページ内のコンテンツを楽しむことです。広告はコンテンツの閲覧や視聴、体験を無料化してくれているものですが、コンテンツ本編に対して、広告はどうしても補足的な存在になります。能動的に記事や動画、アプリに注目しよう、楽しもうとしているタイミングで挟まってくる広告は違和感を持たれやすいのです。

その欲望を反映するかのように、動画の世界では、YouTube の TrueView 等、スキップができる動画広告が登場しました。また、もう少し先の2015年をすぎたあたりから、iOSや Android の有料アプリの売上トップ3に、「AdBlock」というアプリが入り続けるようにもなります。

AdBlock とは、ウェブページ閲覧時に表示される広告や、ポップアップ広告等をブロックして非表示にするツールのことです。世界と比べて日本は利用率がそれほど高くはないそうですが、それでも多くの人に、お金を払ってでも「広告を見たくない」という欲望が存在することを意味します。

それに対して、「Twitter のプロモーションツイート等のネイティブアドは、コンテンツを邪魔しないかたちでタイムラインや検索画面の流れの中に表示されるため、ユーザーに比較的受け入れられやすく、ブロックされないためリーチしやすいというメリットがありました。ネイティブアドとは、表示形式や内容を、そのメディアの他のコンテンツに溶け込むように表示させる広告です。ここで少しだけ脱線して、ネイティブアドの話をしましょう。

SNSの大きな特徴は前述の通り、「リアルタイム性」でした。あるテーマについてさまざまな意見や情報を得られたり、自分の意見を発信できるたりするだけでなく、同じ瞬間に多くの人々と繋がり、出来事に対する感情を共有しあうこともでき、インターネット接続に場所・時間を選ばないスマートフォンと極めて相性のいいサービスなのです。

リアルタイム性を共有する仕組みとして、「Twitter がもたらした「タイムライン」という概念は画期的でした。Twitter のタイムラインとは、自分がフォローした他のユーザーの投稿が時系列順に並んで見られる機能のことを指します。ユーザーがフォローする人は、前提としてユーザー自身が興味を抱いている人なので、投稿内容にも当然関心があるものとなり、タイムラインはユーザーの興味が反映されたものになります。

このTwitterのタイムラインの特徴を生かして登場したのが、一般の人のツイートに混ざって表示されるプロモーションツイートです。ユーザーが見たいコンテンツに広告を溶け込ませ、ユーザーに自然に見てもらえるように作られたネイティブアドの一種で、Twitterの場合、狙ったユーザーに情報を表示することができるのと同時に、プロモーションツイート自体も面白ければユーザーがさらに情報を拡散してくれるため、ターゲットユーザーと繋がっている周辺の潜在ユーザーへのリーチも可能になりました。

ネイティブアドは、タイムラインにおいて、何分かに一度入るテレビCMに近いイメージです。ネイティブアドの手法は他のSNSやネットメディアでも活用されるようになりました。

例えばニュースアプリの中で記事に混ざって記事風に表示される広告や、企業が提供する無料のLINEスタンプ等も、このネイティブアドにあたります。ネイティブアドは、ユーザーに対して自然に企業からの情報やメッセージを届けることができることから、AdBlock等のツールで非表示にされてしまうバナー広告に代わって主流となっていきました。ただし、ネイティブアドという言葉は非常に広い範囲を示し、定義に混乱が見られたこともあり、日本では次第に使われなくなっています。タイムライン広告、インフィード広告等それぞれの広告が挟まる場所を示した言葉に差し替わっているのが現状です。いずれにせよ、広告業界全体が、ユーザーに押しつけで広告を見せるのではなく、受け入れてもらいやすいかたちにしていこうという変化の流れは強まっていったのです。

押し付けではなく、ターゲットである生活者にとって興味のある、受け入れてもらいやすいコンテンツにしていこうという流れは、「コラボマーケティング」というものにも発展していきました。

漫画やアニメ等のコンテンツが、メディアや業界を超えてビジネスに一層活用されるようになったのも2010年代前半の大きな特徴です。2010年、ローソンがエヴァンゲリヲンとコラボして、箱根の店舗をまるごとその世界観で作り変えた「ローソン第3新東京市店」がアニメコラボマーケティングの先駆けとも言われており、2012年にもアニメ『エヴァンゲリヲン新劇場版：Q』が映画公開に合わせ航空会社等20社以上の企業とのタイアップを実施しました。他にも、2011年には人気漫画の『ジョジョの奇妙な冒険』が高級ファッションブランドGUCCIとコラボレーション、2016年には映画『君の名は。』が大ヒットし、社会現象にもなり、サントリー天然水とコラボしたCMや、パルコとのコラボカフェ、グッズ等さまざまな展開を見せました。アニメ等のコンテンツと企業がコラボする流れは、その後にさらに増加の一途を辿ります。最近でも、アニメ『鬼滅の刃』も『劇場版「鬼滅の刃」無限列車編』の大ヒットを機に、多数の企業とタイアップを行う等、定番の手法として定着しています。

インターネット広告業界も変化します。2013年からGoogle AdWordsは、それまで分けていたデスクトップ向け入札とモバイル向け入札を統一するようになりました。

スマートフォンによって、ガラケー時代には分断していたモバイルとパソコンのウェブサイトが合流したのです。そしてインターネット広告業界の関係図も大きく塗り替わります。インターネット広告と言えばYahoo!かGoogle、iモードなどの携帯キャリアが運営するガラケーサイトが中心でした。ところが、スマートフォンへのシフトによって、新たにLINEが躍進。それまで圧倒的1位の座にあったYahoo!が一歩後退したのです。さらにそこにSNSでFacebookやTwitterも台頭し始めました。

ちなみに、Yahoo!は2012年に経営陣の交代を発表。「スマホファースト」を宣言し、スマートフォン向けのアプリやサービスの開発に注力し、巻き返しを図りました。

6章

KEYWORD

ZMOT（ジーモット）

購入の判断は、検索等下調べの段階で決定するという理論（2011年Googleが提唱）

FMOT（エフモット）

店頭で商品パッケージやディスプレイを見て、数秒で商品購入を決定するという理論（2004年P&Gが提唱）

ネイティブアド

表示されるページのコンテンツと一体化した広告

7章

2013～2016年

デジタルマーケティングと、マスマーケティングの相互理解の鍵

01 獲得に寄与するパフォーマンス広告の効率化がより深化

インターネットが人々の生活に溶け込み、社会になくてはならないインフラとなり、広告主側では「もっと効率的にターゲットにリーチしたい」、さらに言えば、「リーチ・認知を得るだけではなく、一気に購買行動に向かわせたい」という欲望が増加していきました。

2015年にGoogleが提唱した、マイクロモーメント（Micro-Moments）という言葉があります。マイクロモーメントとは、何かを知りたい、行きたい、したい、買いたいという行動欲求が湧き起こり、人がスマートフォンやパソコンに向かう瞬間のことを指します。人々がさまざまな情報を知りたいとデジタル上で行動した瞬間（モーメント）に、企業から最適な情報を発信することで、購買行動に繋げていく。そのような考え方がこの頃から、デジタルマーケティングの基本として本格化していきました。

マイクロモーメントに基づくマーケティングを実践するには、いつ、誰が、どこでどんな情報を検索したか、という大量のログデータを解析することが重要です。そこでGoogleをはじめとした大手ＩＴ企業は、ユーザーのログデータをインターネット広告に生かすための技術を進化させ、ターゲティングはより精緻になっていきました。

またこの頃は、効率的に顧客を獲得したい広告主の期待に応える自動化テクノロジーの発展が進んだタイミングでもありました。インターネット広告枠の購入コストをできるだけ低く抑えながら掲載メディアを最適化する「スマート自動入札」システムをはじめ、短い広告文や動画、画像を入力するだけで、ユーザーになるポテンシャルの高いターゲットに向けてアプリを広告できる、Google広告の「ユニバーサルアプリキャンペーン」等が登場しました。また、ＮＴＴドコモはＡＩを活用し、ＥＣサイトを訪れた一人ひとりに、各自に合った商品やキャンペーンを案内する、ＥＣ向け支援システムの提供をスタートしました。

こうしたテクノロジーが登場した結果、メディアの最適化に加えて、広告主に「パターン数をもっと増やしたい」という新たな欲望が芽生えました。生活者の関心や好みが多様化したことで、商品やサービスのアピールすべきポイントも、ターゲットと共に多様化しました。

テレビCMとは違い、インターネットであれば複数の動画クリエイティブを作成し、ターゲットごとに違う動画クリエイティブを見せることも可能です。そこで、たくさんのクリエイティブをコストをかけず制作し、広告配信することで、さまざまなターゲット層を誘引する手法が取られるようになっていったのです。後に複数パターンの動画クリエイティブをAIが自動生成する機能も登場しました。

そして短期的な売上向上に貢献する、パフォーマンスが高いインターネット広告の、制作手法と効果の評価手法はどんどん発達し、注目度も市場も大きくなっていきました。

02 獲得に寄与しない広告は「ブランディング広告」？

2010年代半ばになると、マーケティングの世界では「マスか、デジタルか」という議論は終わり、テレビとデジタル動画広告を同じ土俵で語り、売買することが始まっていきました。そして、メディアプランニングをする中で、「ブランディングとパフォーマンスのどちらを追求すべきか」という議論が交わされるようになりました。しかしその結果、立場によって「ブランディング」という言葉に対する異なる定義が共存する結果となりました。

まず「パフォーマンス」という言葉の意味が狭くなりました。短期的に広告効果を発揮し、ログで測れるものに意味合いが絞られていったのです。

ブランドというものは、本来一朝一夕で作れるものではありません。ブランドは企業側が「私たちはこういうブランドです」と紹介すれば終わるものではなく、生活者に対して何度もメッセージを発信したり、商品やサービスの体験を通じて、生活者のマインドにイメージを積み上げていくことで初めてできあがるものです。市場での自社のポジションの明確化や、スペック・価格以上の付加価値付けをすることがブランディングの目的です。

しかし、インターネット広告業界におけるブランディングの定義は曖昧だったこともあり、インターネット広告事業者、企業、従来のマス広告を取り扱う大手広告代理店等、立場によって違う使われ方をしていたのです。

極端な言い方をすれば、インターネット広告業界が言う「ブランディング広告」とは、「パフォーマンス広告ではない広告」のことなのです。そしてパフォーマンス広告ではない広告メニューといえば、動画の中身を見せることに注力し、その先のクリックや購買を目的としていない「デジタル動画広告」の一部のメニューでした。広告主の目的が、真の意味での〝ブランディング〟か否かにかかわらず、YouTube の「バンパー広告」等の「クリックを成果としないデジタル動画広告」が活用されれば、すべて「ブランディング広告」と呼称される状況が生まれました。

そしてパフォーマンス目的ではない、すなわち具体的なクリックやコンバージョンを目的としないインターネット広告全体を指して、「ブランディング施策」と呼ぶようにもなっていったのです。

この状況はしばしば現場に混乱を生じさせました。企業内部においても、担当者がデジタルマーケティング出身か、マスマーケティング出身かによって、「ブランディング施策」の定義が違ったためです。また、古き良きマーケティングを知り、厳密な意味でのブランディングを実践してきた人たちにとっては、〝ブランディング〟という言葉が軽々しく使われることへの忌避感もあり、「だからデジタルの人は……」と、業界内でマーケター同士の壁が作られる要因にも繋がりました。

デジタル動画広告に「ブランディング広告」という呼称が使われるようになった背景に、成果単価（ＣＰＡ：Cost Per Acquisition。一件のコンバージョンを獲得するのにかかったコスト）が、バナー広告や検索広告に比べて高くなる特徴があったことが挙げられます。例えばクリックを前提としたバナーや検索広告の広告単価（CPC：Cost Per Click）が100円の商材の場合、デジタル動画広告では広告単価が1000円を超えてしまうのです。そのため長らくの間、デジタル動画広告はまったく売れませんでした。インターネット広告市場においては高すぎる広告メニューだったのです。企業にデジタル動画広告の価値を感じさせ、出稿してもらうには、コストを納得させるパフォーマンス以外の価値づけ、ロジックが必要とされました。

ここでデジタルマーケティング業界から注目されたのが、マス広告です。インターネット広告と比べて明らかに計測可能な領域が少なく、価格も高いにかかわらず売れ続けているのはなぜなのか。数ある理由の中でも「ブランディングという言葉を使うと、単価が高い理由をサポートできるのではないか」との発想に至ったことから、「ブランディング」という言葉が抽出されました。

本来、ブランディングという価値は、例えるなら3000円のシャツと3万円のシャツの差です。生活者はブランドのファンになり、そのブランドに商品の機能（この場合なら、シャツとしての着用に耐えること）以上の価値を感じたときには価格によらず購入します。これは、将来への投資という意味で、5章で紹介したエンゲージメントとも似ているかもしれません。すぐには商品を買ってくれなくても、顧客になってくれることを期待してユーザーとの関係を維持する。そのために「自社のブランド価値を高めたい」という企業の欲望を刺激できれば、広告投資を増やせるかもしれない。ブランディングという言葉は有効なのではないか。そうした背景から、デジタル動画広告をテレビCMのようにブランドを作るための広告メディアであると説明しようとする動きが生まれるのです。

「パフォーマンスを追求する広告ではないのだとしたら、動画広告の価値をなんと表現すべきだろう？」と模索していった結果が、デジタル動画広告は「ブランディングのための広告である」という説明であり、ネーミングに至ったわけです。

しかし、前述のようにインターネット広告ならば、一度に何本も動画クリエイティブを制作して配信することが可能です。そのため、テレビCMと異なり、ターゲットインサイトを絞りこむ必要がなくなりました。そもそも打ち出したい商品特性が複数あったとしたら、それらをすべてアピールする動画クリエイティブを作ればいい、という発想がインターネット広告にはあります。

結果、ユーザーごとに異なるブランドイメージを発信することにもなり、そうなると「これはブランディング広告というメニューを使ったパフォーマンス広告ではないのか?」という疑問に繋がります。ブランディング広告を活用することと、本当の意味で〝ブランディング〟活動をすることは別であり、混乱を招くと議論が起きています。


その議論はさておき、デジタル動画広告とテレビCMが並列で考えられるようになったことから、ユーザーの購買行動や、メディア接触等の履歴からテレビCMとインターネット広告の効果分析を同時に行う、クロスメディアトラッキングという手法も生まれました。

2010年代をすぎて、マーケティングリサーチ業界から、同一人物のテレビ視聴履歴、パソコン、スマートフォンからのウェブ閲覧履歴等を把握した1000人規模のデータの獲得を可能にするサービスが登場しました。これにより、テレビ視聴データとインターネット広告接触データを分けて評価するしかなかった状況に変化が起こります。テレビとインターネットを組み合わせた広告効果測定手法の開発が進み、テレビCMとYouTube広告をあわせて評価することも可能にしました。

デジタルマーケティングの浸透によって、環境の整備も進み、テレビCMとインターネット広告を同じ土俵で評価できるようになっていきました。さらに、さまざまなメディアが融合し、新たなマーケティングが醸成されていきます。

2013年頃からマーケティングにおける本格的なデジタルの活用が始まり、〝ブランディング〟という、定義の異なるキーワードをきっかけに、テレビメディアを売る人とインターネットメディアを売る人が、初めて企業のメディアプランニングの現場で出会いました。そして、一緒にメディアプランを策定する過程から、初めて対話が生まれ、より高い広告効果をお互いが発揮しあうために、その共通点や違いをわかりあおうとし始めたのです。

それにともない広告代理店のクリエイティブスタッフも、テレビCMと連動したデジタル動画広告をプランニングし、統合的に提案することが定着してきました。インターネット広告のリーチの広さや、ブランディング効果がテレビCM並みに認められるようになった結果、それまでテレビCMを中心に培われてきた「ブランド論」やインサイトという発想が、インターネット広告の中身にも変化を促し始めました。マスメディアとインターネットが融合した結果、デジタル以前のマーケティング知見が改めて重要になってきたのです。

03 効率化による同質化からの脱却

インターネット広告は、〝効率化の欲望〟に応え続けました。獲得効率の高い広告には一定の法則があり、ベストプラクティスに則ってインターネット広告を展開すると、効率よく効果を得ることができるようになってきました。

しかし、そのように効率化を極端に推し進めることは、企業にとっては他社の広告との均質化を招き、ひいては「自社を選んでもらえない（広告によって選ばれる理由がない）」ということにもなりかねません。データを基に顧客を細かくターゲットセグメント化し、メッセージを打ち分けるという手法が洗練され、インターネット広告の効率化が進む一方で、商品スペックを訴求するのではなく、「新たな価値観」を提案し、その価値観に共感させることでユーザーやファンを獲得する広告キャンペーンも生まれていきました。

海外では、ユニリーバのDoveが2013年に公開した、「Real Beauty Sketches」というキャンペーンがあります。このキャンペーンのメッセージは、「あなたが思うより、あなたは美しい」です。

動画では、FBIのモンタージュ画家が同じ女性について、本人の証言と第三者の証言から2枚の似顔絵を作成するシーンが描かれます。その結果として、自分自身が認識している顔より、他人の目に映っている自分の顔のほうが美しいことが、客観的に証明される過程が描写されています。この動画によってDoveのブランディングだけではなく、売上にも、大きな効果がもたらされました。

Dove はこのキャンペーンに先駆けて、２００6年には「リアルビューティー」というキーワードを打ち出していました。２章でも紹介したようにモデルの女性がメイクや画像編集ソフトで加工され、広告が作られていくプロセスを表現した「Evolution」というタイトルの動画は、ちょうど日本でもバイラルマーケティングが注目されている時期に、瞬く間にシェアされ、世界に広がっていきました。

２つのキャンペーン以降も、Dove はブランドミッションとして、「自分の本当の美しさに気づいてもらうきっかけを作ること」を掲げ、それを実践する広告キャンペーンを複数展開しているのです。日本でも、この Dove の「Real Beauty Sketches」キャンペーンの成功をきっかけに、ブランドの価値観に共感させる施策がたくさん生まれました。

「ターゲットが好むコミュニケーションをする」のではなく、企業側が伝えたいことを発信する流れが増えてきています。商品やサービスのスペックで他社との差別化が難しくなり、広告の獲得効率を追求すると、競合他社とのクリエイティブ同質化が進んでしまう時代に、新たなコミュニケーション手法として日本でも多くの企業が取り入れていくことになります。

中でも、「ソーシャルグッド」と呼ばれる、世界をいい方向に変化させるためのメッセージやアクションを、キャンペーンに組み込むことが増えていきました。それには、2011年に、ハーバードビジネススクールのマイケル・E・ポーターとマーク・R・クラマーが提唱した「Creating Shared Value（CSV）」という、社会貢献と企業利益を両立しようという考え方が大きな影響を与えています。

CSVはCSRと混同されがちですが、CSRはCorporate Social Responsibility、つまり企業の社会的責任のことで、企業利益の追求と社会的責任が相反するという前提に基づき、罪滅ぼし的に社会に貢献しようという発想でした。しかし、CSVはその前提を否定し、ビジネスとして社会課題に取り組むことを提唱しています（図8）。

実際、Dove は商品スペックを少しも訴求していない広告にもかかわらず、世界中の多くの人の共感を集めたこともあって、多くの企業が新たなマーケティングアプローチとしてCSVに注目するようになりました。そしてこの流れは、2015年に国

図8　CSVとCSR

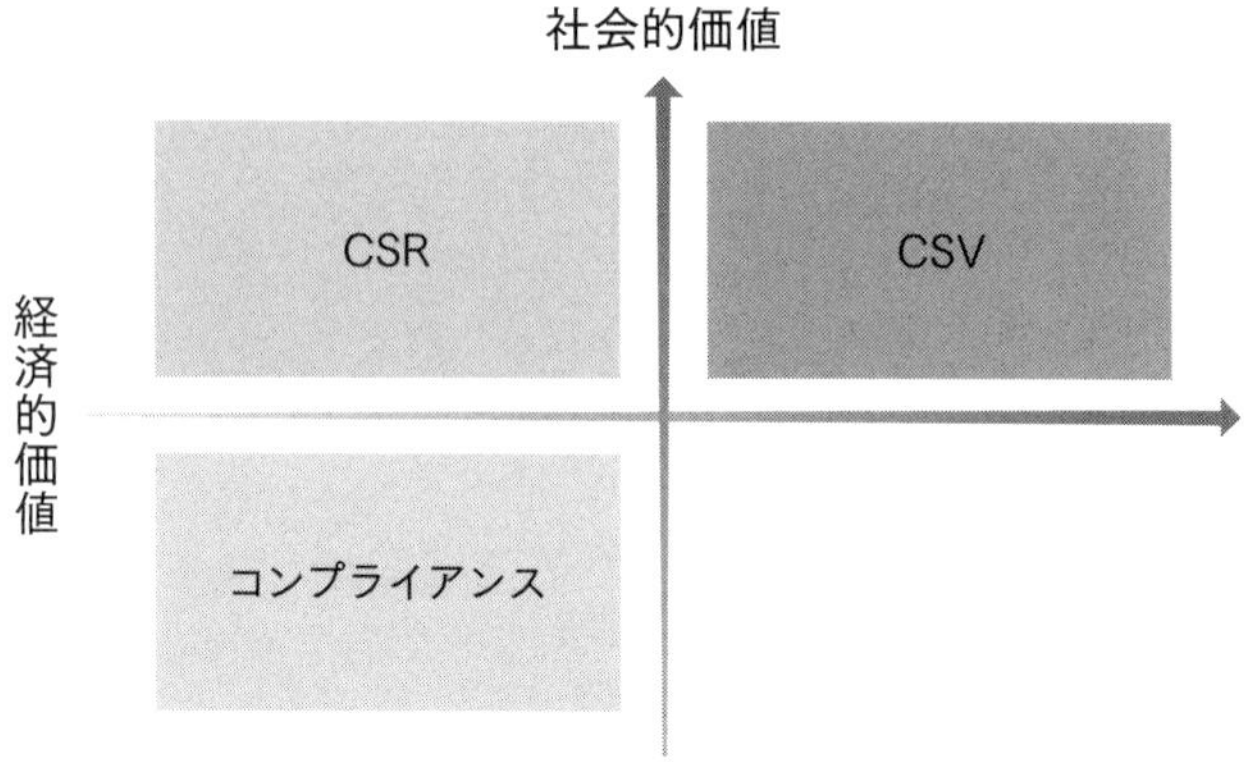

連で採択されたSDGsによって、より加速していきます。

CSVの急速な浸透は、ビジネス成果なくしては起こりえませんでした。スマートフォンによってインターネットが全世界に普及し、SNSによって今までは繋がりあえなかった人たちが「共感」で繋がれるようになっていた土壌があったからこそ、ビジネス成果を生み出すことができたのです。

2010年のジャスミン革命から始まった「アラブの春」と呼ばれる、アラブ世界の民主化運動があります。そこで初めて、SNSが革命を起こすほどの力を持っていることが全世界に示されました。言論の自由が抑圧された状況下で、SNS

上で民主化デモへの参加を呼びかけ、政府の脅威になったのです。SNSは同じ思いや価値観を持った人たちを、距離を超えて繋げる力を持っています。

草の根から広がる民主化運動と企業のマーケティングは、もちろん異なる活動ですが、SNSを通じた「共感の連鎖」という意味において、共通する面もあると思います。SNSには単に、バイラルマーケティングのように情報が拡散してリーチする力があるだけでなく、強い意思やヴィジョンを発信することで、仲間が仲間を呼び寄せる構造を作り、企業やブランドを軸としたコミュニティを形成しうる力まで備わっているのです。

そして、そのデジタルを中心とするマーケティングの成果は、動画再生数のみならず、SNSのエンゲージメント率、最終的には売上の増加率として数字で効果が示され、ビジネス成長を目指す企業がその効果をより確信するようになったのは言うまでもありません。

その後、2010年代の後半、世界中の消費の中心がZ世代（90年代中盤から

2000年代に生まれた世代）に移って行く中、「ブランドの価値観や世界観を伝えなくては、もはや生活者から選ばれない」という流れになり、海外でDNVB（Digitally Native Vertical Brand）というビジネスモデルが登場しました。DNVBは商品を売るだけではなく、創業者のヴィジョンや商品にかける思いをデジタルマーケティングを駆使して拡散し、ブランドに共感してもらうことでファンを増やすという、デジタルネイティブなZ世代を狙った新しいマーケティング手法です。

DNVBでは、多くが「DtoC」の仕組みを取り入れ、サーキュラーエコノミーやSDGs等を実践するために、自社の中で製造からアウトプットまで責任を持って行います。ものを買ってもらうというよりは、その理念に賛同してくれるファンを集めているのです。広告の戦略論においては今まで潜在顧客、見込み顧客、エンゲージメントできる人に分かれていましたが、DNVBの場合はそれがすべて一緒になります。その理念に賛同できるかどうかが大事で、入り口はすべて一緒という仕組みです。

日本でも、以前は寄付色の強かったクラウドファンディングが、よりビジネス寄りになり、理念に賛同してくれるファンを集めるプラットフォームになってきているのも、近い現象かもしれません。

さらに2022年の日本では今、企業やブランドの存在意義を明確に打ち出す「パーパスブランディング」への注目度が高まっています。パーパスブランディングとは、自社のビジネスが何のために存在するのか、その理由はどう社会の共感を得られるのかを考える企業経営論です。企業から、生活者、社会への態度表明活動が、パーパスブランディングと言えるでしょう。2015年の国連によるSDGsの提唱や、「長期的かつ持続的な環境（Environment）・社会（Social）・管理体制（Governance）の価値の追求は、長期的かつ持続的な企業価値を生む」という考えに基づいたESG経営が求められるようになり、「企業が存在することで社会にプラスをもたらせることを証明しなければならない」という時代の要請もあります。デジタルマーケティングが発展し、あらゆる業界がXX as a Service（XaaS）で新しいビジネスモデルを打ち出す中で、自社商品の差別化がより困難になったこと、デジタル人材の採用が激化したことから、パーパスを明示して共感を得ることが重要になったという側面もあるのではないでしょうか。

7
章

KEYWORD

Micro-Moments
情報を得るためにモバイル端末で行動する瞬間。そうした瞬間には「知りたい」「行きたい」「したい」「買いたい」の4種類があるとする理論（2015年Googleが提唱）

パフォーマンス広告（運用型広告）
掲載面、金額、期間等をリアルタイムで最適化していく広告

CPA
顧客や成果（コンバージョン）獲得の単価。コスト÷コンバージョン数

CPC
クリックを前提とした広告の単価。コスト÷クリック数

CSV
企業が、社会ニーズや課題に取り組むことで社会的価値を創造し、その結果、経済的な価値も創造されること

DNVB
商品の企画から製造・販売までを垂直統合した世界観によって、コミュニティや熱心なファンを持つブランド

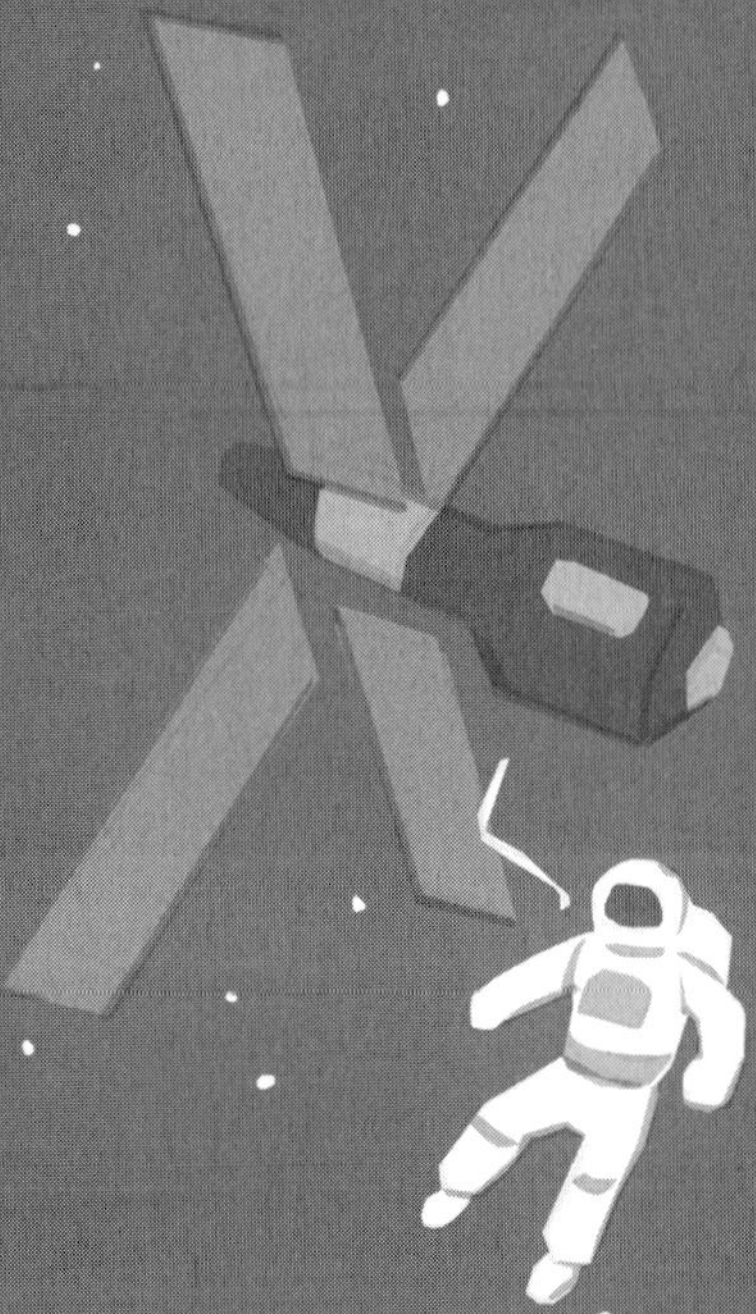

8章
2010年代後半
デジタルマーケティングの拡がり

01 個人がコミュニティヒーローとしてデジタルマーケティングで稼ぐ

2010年代後半に起きた大きなトピックとして、Twitter、Instagram や TikTok 等のSNSの定着と、それらSNS活用に長けたインフルエンサーの出現がありました。ブロガーに加え、動画で発信する YouTuber や TikToker、写真で発信する Instagrammer、SNSの垣根をまたいで漫画で発信するWeb漫画家等、発信手法が多様化し、それらを総称してインフルエンサーと呼ぶようになりました。

そして、それによって「インフルエンサーマーケティング」という新たな手法が確立されました。前述の「口コミマーケティング」や「バイラルマーケティング」は、商品やサービスの感想を他人に伝えたい、面白い情報を周囲と共有したいという発信者側の欲望を活用し、発信内容をキーにした、情報伝播の仕掛け作りでした。あくまでも企業のマーケティング活動の協力者でしかない側面が強かったのです。しかしインフルエンサーマーケティングは強い影響力を持つインフルエンサーの日々の活動に、企業のマーケティング活動を混ぜてもらう性質が強くなります。インフルエンサーのライフスタイルに憧れを持つフォロワーの視線を集め、その行動を真似したいという受け手側の欲望を活用する、という違いがあります。

昔から、人気テレビタレントのヘアスタイルやファッションをたくさんの人が真似して、ブームを生み出すことはありましたが、SNSは、よりインフルエンサー本人の〝素〟のライフスタイルが発信されることが多く、より共感度は高まったと言えます。

発信されるテーマへの興味以上に、発信者本人に対する親しみを持つファンを集めているのがインフルエンサーです。そして、インフルエンサーの商品やサービスのリアルな体験が共有されるため、魅力が伝わりやすく、ファッション、美容、健康食品等の分野では積極的に活用されるようになっていきます。

また、7章で論じた通り、ターゲットごとにクリエイティブを複数タイプ作って打ち分けていくデジタルマーケティングの方法が浸透してきており、インフルエンサーマーケティングもそれと同様に、ファンを囲っているインフルエンサーを起点に、小さなターゲットグループを複数狙っていくことができる手段として、活性化していくことになりました。

まず、新しいタイプのインフルエンサーの話をしましょう。以前ならば「有名になりたい」という欲望は、オーディションやスカウトを受けて芸能事務所に入り、芸能人になってテレビに出演することで叶えるのが一般的でした。しかし、YouTubeやInstagramが出現したことで、才能さえあれば、芸能事務所やテレビに関わりを持たずとも、自分の力だけで有名になることができるようになりました。

加えて、大きく変化したのが、マネタイズの方法です。アルファブロガーと呼ばれた著名ブロガーたちは、イベントに出演したり、本やメルマガ等の記事を書いたり、アフィリエイトで報酬を得ることがお金を稼ぐ手段の中心でした。しかし、2010年代後半のインフルエンサーたちは、自らが「メディア」となり、活用するSNSプラットフォームから還元される広告収益を得ることで、それまでと比較にならないほどのお金を得ることが可能になりました。

インフルエンサーの可能性に気づいた芸能業界や広告業界も彼らと協業を始め、インフルエンサービジネスは大きく成長しました。HIKAKINをはじめとするトップYouTuberの中には、年収1億円以上を稼ぐ億万長者も出現。YouTuberは職業として認識され始め、2017年頃から小学生の将来の夢の上位に挙がるようになりました。

HIKAKINやはじめしゃちょー等の人気YouTuberをマネジメントするUUUMは、2013年に創業し、2017年に東証マザーズに上場を果たしています。芸能界でも、〝YouTuberで稼げる〟時代になったことから、芸能人が続々と自分のYouTubeチャンネルを開設するようにもなりました。反対に、テレビ番組やテレビCMにもタレントではなく、もともとは普通の一般人だった人気YouTuberやInstagrammer、最近ではTikTokerが起用されることも増えています。

02
インフルエンサーマーケティングの浸透

デジタルの世界から生まれたインフルエンサーが、テレビに出演する人気タレントと並び立つように広告マーケティングの主役に躍り出たことで、テレビCMとインターネット広告の境目はますます曖昧になっていきます。企業側も広告キャンペーンに起用するタレントを選ぶ際、タレントの認知度や好感度だけでなく、SNS上の影響力を加味するようになりました。

固定ファンが多いYouTuberやInstagrammerには企業のプロモーション企画が次々と持ち込まれるようになります。そういったプロモーション企画がステマと疑われないために、「この投稿は依頼を受けて作っているものです」などと、口コミマーケティング用語で「関係性明示」と呼ばれる断り書きを入れることが必須となりました。その結果、関係性明示を含む投稿は「企業案件」「依頼案件」「PR案件」と呼ばれ、次第にインフルエンサー側からも、受け手側からも「案件」と呼ばれるようになっていきました。そして「案件」では、自分のチャンネル、アカウントのコンテンツフォーマットを前提に、インフルエンサー独自の視点で「商品の魅力」が解説されるのです。

インフルエンサー独自のフィルターがかかることで、企業からの依頼であるということを知りながらも、生活者からは魅力あるコンテンツとして受け入れられるようになりました。企業が発信する広告メッセージよりも、自分が日々投稿をチェックし親しんでいる著名なインフルエンサーの言うことのほうが面白いし、信用できるし、共感できると感じる人が増えてきたのです。

インフルエンサー自身はたくさんのファンを抱えるタレントであり、情報を発信するメディアであり、クリエイターであるという、3つの側面を1人ですべて持っています。企画から制作、世の中に出すまでを極めて短期間に少人数のチームで、ときには1人でこなします。彼ら、彼女らの登場は、黒子として広告に関わってきたコピーライターやクリエイターにとって、1つの脅威となりました。

右記を前提としたときに、インフルエンサーマーケティングにおいて重要なポイントが、2点あります。まずインフルエンサー自身に主体的に、広告主の商品を選んでもらう必要がある、ということです。今までのマーケティングでは基本的に、企業側が商品の広告を掲載したいメディアを選ぶ立場にありました。考査によって掲載できない広告や商材も一部ありましたが、基本的には主導権は企業側が握っていました。

しかし、インフルエンサーマーケティングはその真逆で、どの商品の案件を受けるか、選ぶ権利はメディアであるインフルエンサー側にあるのです。インフルエンサーのファンにとって、あくまでコンテンツの主役はインフルエンサーであり、写真や動画に登場する商品やサービスはコンテンツの脇役でしかありません。インフルエンサー側に協力の意思が薄く、宣伝色が強いだけの告知をすることはインフルエンサーの信頼や評価を落とし、チャンネルの視聴者やフォロワーを減らしてしまう懸念があります。

インフルエンサーマーケティングの主導権はインフルエンサー側にあるため、間違っても、広告クリエイティブを広告代理店に発注するときのように、一言一句指示するようなことがあってはいけないのです。クライアントとなる企業が期待すべき点は、「自社が作る広告とは別の表現をしてもらうこと」です。企業自身も知らなかった商品の魅力をインフルエンサーに発見してもらい、自分たちでは作ることのできないクリエイティブで表現して受け取り手であるインフルエンサーのファンにとって影響力の大きいコミュニケーションへと変換してもらうことで、新たな潜在顧客を獲得できる可能性があるのです。

そしてインフルエンサーが情報発信をする際に、企業からの依頼であることを明記してもらうよう注意を払うことです。3章で取り上げたステマの問題は、ブロガーマーケティングに固有のものではありません。広告商材や発信する言葉は、インフルエンサー自身が選んでいるとしても、企業のマーケティング活動の一環である以上、生活者との信頼関係を損なわない配慮が必要です。

03 マイクロインフルエンサーの活躍

インフルエンサーがマーケティングメディアとして定着する中で、インフルエンサーの評価の中身にも変化が起こっていきました。もともとYouTuberは動画の再生数が多いほどメディアとしての価値が高いと評価をされてきました。しかし昨今では、YouTuber自身がどれだけのチャンネル登録者を獲得しているか、つまり固定ファンをどれだけ持っているかという点が評価の対象になってきています。

また、TwitterやInstagramも当初は、フォロワー数という絶対的な数字が重視されていましたが、2020年前後からただ単に見たというだけではなく、投稿に対するコメントやいいね数等、投稿に対して、どの程度フォロワーが主体的にリアクションを取ったのかというエンゲージメント率が重要視されるようになりました。単に多くの人にリーチすればいいというわけではなく、いかに強く人々を惹きつけたのかが大事になってきており、インフルエンサー側の継続的な努力も求められるようになってきています。

量より質、エンゲージメントを重視する流れの中で、2010年代後半から存在感が増したのが「マイクロインフルエンサー」です。マイクロインフルエンサーとは、「マイクロ」という名前の通り、誰もが名前を知る存在ではなく、トップインフルエンサーほどたくさんのフォロワーを抱えているわけではありませんが、特定のジャンルの中では強い影響力を持っているインフルエンサーのことを指します。

マイクロインフルエンサーが注目されるのには理由があります。100万人以上もフォロワーがいるトップインフルエンサーはもはや有名芸能人のような存在で、幅広いファンを持っており、マスメディア化してきていると言えます。マスメディア化すると、ファンの熱量も薄まっていくので、反応率が落ちていくのが実情です。しかし、マイクロインフルエンサーはファン層が絞られており、濃密なので、企業側からすればトップインフルエンサーより効率的に、届けたいターゲットに絞ったかたちで効果を得ることができます。

　また、トップインフルエンサーはフォロワーがメッセージを送っても、直接返信を得られる機会は多くありません。フォロワー一人ひとりとコミュニケーションが取れるマイクロインフルエンサーのほうが、投稿に対するエンゲージメント率が高い傾向にあるのです。

　マイクロインフルエンサーが注目されているのには、もう1つ理由があります。近年、検索エンジンサービスの利用以外にも情報探索方法が多様化し、インターネットに蓄積された情報が膨大な量となったために、今までの検索方法では生活者が求める情報を選ぶことが難しくなってきたのです。そして、日常生活を送るにあたってすべてのことを調べ、検討することも困難になってきました。インターネットで「真実の全貌を見極める」ための情報収集は、やりたいことや必要なことから、面倒くさいことに変わっていきました。

　その結果、自分があまり興味のないジャンルは、自分で情報を選び取るのではなく、自分と感性が合う、信用できる人の話を聞いて従いたい、任せたい、そのほうが楽だし参考になる、という欲望が顕在化してきました。ニュースに関しては2010

年代前半から、自分の興味が高いニュースだけを集めてくれる「キュレーションメディア」が急増しましたが、もはやニュース分野に限られない話になっており、若い人ほど、この傾向は強く出ています。

例えば、自分の関心が強い漫画に関しては自分で情報を仕入れ、読みたい新刊を選んで購入しますが、関心がないファッションに関しては、おしゃれな友人等信頼できる人の意見に従うといった傾向です。生活者は日々さまざまな分野で購買活動を行っていますが、購買ジャンルの中でさほど関心を抱いていない分野に関しては、自分が信頼するインフルエンサーによるリコメンドがとても良く効くのです。

多数のユーザーがさまざまな情報を発信するTwitterやInstagram等でも、ユーザーは目的に応じて複数のアカウントを使い分け、関心がある情報を発信している人たちをフォローすることにより、興味のある情報だけ選択して見るようになっています。そうした小さな興味関心別に分かれてしまった生活者の心に訴えかけるには、全方位的なアプローチでは効きにくくなってしまったのです。

「検索して調べるのが面倒だから、信頼できる人の消費行動を真似したい」という思いが高まる一方で、自分の興味があるジャンルでは「広告に騙されたくないから、インターネットで真実を知りたい」と考え、しっかり検索し、集めた情報を検討します。この両者の欲望は、そもそも異なる価値観から生じるものですが、同じ1人の中に共存しているものでもあります。そしてマイクロインフルエンサーを使えば、どちらにもアプローチできる可能性が高くなります。

また、潜在顧客の掘り起こしという意味でもインフルエンサーマーケティングが優れている点があります。データに基づいて配信されるパフォーマンス広告は、顕在ニーズを持つ生活者に効率よく広告を配信することが可能です。

しかしその結果、広告主と生活者との「予期せぬ出会い」が減少するというデメリットをもたらしました。インターネット広告では、自分から検索等のアクションを起こしていたり、インターネット上で商品と親和性の高い行動をしたりしていない限り、自分と無関係な広告に出会うことがないのです。

一方でインフルエンサーマーケティングは、そのインフルエンサー自身に興味がある人々に対してアプローチする手法です。ある女性ファッションモデルのマイクロインフルエンサーが「新発売のＳＵＶを試乗した」という動画を投稿したとすれば、その投稿を見ていた「ＳＵＶはおろか、車にまったく関心がなかった」フォロワーにも、その車の認知や、ＳＵＶのある生活に対する興味をポジティブに広げることができるのです。その結果、インターネット広告上ではまるでターゲットと判別されていなかった人が、何か生活スタイルを一変したいと考えたとき、「そういえば、あのインフルエンサーがこのＳＵＶを推してたな」と車以外の入り口から思い出してもらえる可能性が高まります。それがインフルエンサーマーケティングのさらなる効果なのです。

マイクロインフルエンサーの活用を含めたインフルエンサーマーケティングは活況を極めています。芸能事務所だけでなく、ファッション誌等を刊行する雑誌社も、雑誌ブランドを起点に「読者モデル」というマイクロインフルエンサーを抱える、一大インフルエンサー事務所へと変化していく流れにあります。

２０１０年頃には早々に、アジアとアメリカでＭＣＮ（マルチチャンネルネットワーク）という、インフルエンサーを束ねてマネジメントや制作のサポート等を行うビジネスモデルも登場。MCNはとてもシステム化されていて、「20～30代女性」「働いている」「化粧品に興味あり」等の希望条件をチェックすれば、対象のインフルエンサーが検索表示されるような仕組みになっていました。YouTubeとInstagramの両方のメディアで露出できる人材等、プラットフォームを横断した選び方もでき、芸能人のように事務所を通じて交渉するのではなく本人に直接オファーができるため、とても簡単にキャスティングができるようになったのです。

04 あらゆるデータの活用で変わる広告産業

2015年以降のデジタルマーケティングを見渡すと、インフルエンサーマーケティングと並んで重要なトピックとして、ドイツで始まった官民連携プロジェクト「インダストリー4・0戦略」が日本にも大きな影響を与えていることがわかります。

インダストリー4・0という構想は「第4次産業革命」とも言われ、冷蔵庫や自動車等の身の回りの製品から、橋や建物、工場の産業機械等、あらゆるものがインターネットに繋がって、最適化された生産体制を維持しつつ、自律的・自動的に稼働する社会のことを指します。

ドイツと日本は、共に第二次世界大戦後、モノづくりを国策として推進することで成長した国です。アメリカで生まれたITサービスの巨大企業群であるGAFAは、ビッグデータ活用やAI等の技術で世界の先を行きますが、日本とドイツは工場の生産技術においては、未だ世界トップレベルにあり、IT技術を取り入れてその強みを生かすことがこれからの自国産業の成長の鍵を握ると考えました。

アップルがスマートフォンやパソコンという「機械」を生産して売るだけでなく、「iTunes」や「iCloud」といったアプリケーションを同時に販売することでシェアを伸ばし大きく成長したように、モノづくりが中心の日本企業もデータの利用や、そこから得られる派生ビジネスにまで、より広い視点が求められるようになったのです。

そのような背景と、2012年ぐらいから重要性が声高に叫ばれ始めたビッグデータをベースに、メーカーが提供する価値を製品からサービスへとシフトするXaaSモデルが注目をされるようになり、近年では「サブスク」と言われる定額料金でサービスを利用するビジネスモデルや、中間流通を通さずに自社のECサイトから顧客に直接商品を売る「DtoC」というビジネスモデルにたくさんの企業が挑戦していることはご存知の通りかと思います。

近い将来、DXがさらに進めば、オフラインとオンラインの買い物は統合され、境目がなくなっていくと思われます。無印良品のように、店舗在庫とEC在庫を合わせて管理する企業もこれから当たり前のようになるのでしょう。

日本でもセルフレジや無人店舗のお店が増えてきています。インターネット広告が、実際にどのくらい来店に繋がっているかを表す数字が「来店コンバージョン」ですが、この来店コンバージョンも、将来的には、インターネット広告やテレビCM、ODM（OOH）等をミックスして分析し、それぞれがどれくらい来店や、売上に寄与していたかを導き出せるようになっていくと予想されます。博報堂では「MMM（マーケティングミックスモデリング）」という概念で、そうした広告の未来を提唱しています。

MMMでは、売上等のマーケティングゴールに繋がる要因（広告、競合製品の状況、サイトアクセス等）の因果関係をモデル化して、その関係の適切なパラメータ（係数）を算出し、各施策の貢献度を導くことを目的とします。これによって、オフラインとオンラインを超えた効果測定ができるようになります。広告の効果測定もクリック率や資料請求数といった、実際の購買行動の手前の指標ではなく、実際にどれだけ最終的な売上に繋がったかという、「投資対効果」が測れるようにもなります。

ここまで述べてきたように、デジタルテクノロジーの進展は、これまで長い間、広告業界に「常識」としてあった「マーケティング＝広告」という発想を塗り替えました。本来マーケティングとは、経済学者のピーター・ドラッカーが述べた通り、「販売よりはるかに上のレイヤーの活動であり、販売を不要にすることを理想とする」活動に他なりません。そして近年までそのために最も有効でかつ効率的な施策が広告である、と考えられてきました。しかしデジタルマーケティングの進化により、必ずしも広告が最善の手段ではない、ということが顕在化したのが今の時代と言えるでしょう。

近年、大手企業の広告宣伝責任者が、従来の「宣伝部長」ではなく、マーケティング部の担当者が務めることが増えてきたことも、無関係ではありません。2013年に日本アドバタイザーズ協会から「デジタル・マーケティングでビジネスを成功させるのは宣伝部長です」という提言がなされましたが、結果としてそのポジションは、CMO（チーフマーケティングオフィサー）と呼ばれる、マーケティング全体を統括する経営ポジションに取って代わられるようになりました。

広告業界にとっても、CMOの存在はありがたい側面があります。企業における宣伝部の立場はさまざまです。企業文化によっては、仕事を通じて自社のビジネスに深く関わることは難しく、実際には決裁の権限もなく、単なる広告代理店の窓口担当者となっていることもありえましたが、CMOを設置するということは、会社がマーケティングを経営視点で行うことを意味します。マーケティング、そしてコミュニケーションの力をより効果的に使ってもらえるようになるのです。

マーケティングの一環で行う広告についても経営が関わる案件となり、相談される内容も高度にはなりますが、より上位レイヤーから提案をすることで、分散していた広告予算をまとめる等、より効果的な広告キャンペーンを提案することができるようになります。決裁までの距離も短く、企業の担当者ごとの意見の相違を企画に反映し続ける手間も減るのです。

05 広告産業に多くのプレイヤーが参入

インターネット広告は、かつて広告の民主化を進めました。広告のデジタル化は出稿の簡易さに繋がり、企業だけでなく個人も含めた広告主の数を大きく増やすことにも繋がりました。その結果、広告に対する欲望がインターネット領域から飛び出し、拡大していきました。

1つは「少額からでもテレビCMを出稿したい」という欲望です。さらには、クレジットカード1枚で直接インターネット広告を購入することに慣れたスタートアップや中小企業からは「気軽に、楽に出稿したい」という欲望も浮上しました。慣れていない企業にとっては、テレビCMの出稿は「どこに問い合わせたらいいのかもわからない」存在だったからです。そうして最低料金数十万円からテレビCMが制作できたり、ホームページ経由で問い合わせられたりするサービスが登場しました。

そしてもう1つが「テレビCMも運用したい」という欲望です。それに応えるべく、手動中心だったテレビCM出稿の現場にシステムが導入されました。インターネット広告ではすでに当たり前になっている「運用型広告」の考え方を具現化した「運用型テレビCM」の登場です。ノバセル、テレシー、博報堂DYメディアパートナーズといった各社が次々にサービスを提供しています。

こうした背景には、クロスメディアでの履歴取得やユーザー分析を可能にしたシングルソースパネルの登場、AIを活用したインターネット広告の運用が普及してきたことが関係しています。２章でも登場した「インクリメンタリティ＝広告効果によるビジネス成果の純増分」の提示が、より精度高く可能になってきているのです。その結果、インターネット広告のみだったログデータを使った効果分析が、テレビＣＭにも広がってくることとなりました。

テレビＣＭ活用に、「データ分析」という側面が拡大してきたことにより、広告代理店側にも新しいプレイヤーが参入してきました。一例がコンサルティング会社です。２０１９年には、コンサルティング会社のアクセンチュアが、世界有数の広告クリエイティブエージェンシーであるDroga5を買収し、広告業界を仰天させました。

既存のインターネット広告以外のデジタル広告が登場してきたことも、広告業界にさらなる参入をもたらしています。インターネットに接続できるスマートテレビの普及もいくつかの変化をもたらしました。テレビ受信機メーカーが、結線されているテレビについては視聴ログを保有できるようになり、テレビ受信機で見るコンテンツも、必ずしも「テレビ番組」とは限らなくなりました。デジタル動画をテレビで見る行為が増えた結果、テレビ画面で見る広告がテレビＣＭだけではなくなったのです。

また、ＯＤＭ（ＯＯＨ）においてもデジタル化が進み、それまでポスターを貼るのみだった場所にディスプレイが設置され、動画素材が活用できるようになり、街の看板に動画を配信できるようになったのです。こうしたＯＤＭ（ＯＯＨ）も少しずつデジタル化が進み、デジタルサイネージと呼ばれるようになります。２００９年には、イオンがレジの横にあるディスプレイの広告枠販売を始めたのを皮切りに、デジタルサイネージへの注目度が高まっていきました。

ＯＤＭ（ＯＯＨ）のデジタル化があらゆる場所に広まっていることを実感させるのが、現在のタクシー広告です。２０１０年代後半から、動画素材を使ったテレビＣＭのような広告が、タクシーのシートの後ろに設置されたディスプレイ（タブレット）に入稿できるようになりました。２０１７年10月、テレビＣＭが完全にデジタル入稿（オンライン送稿）になったことは、デジタルの世界から見たときには大きな変化ではありませんでしたが、広告代理店側からは、かなり大きな出来事だったと思います。日本の広告業界の「慣習」に手が入ったとも言えるでしょう。

動画のデジタル入稿の進化により、ＯＤＭ（ＯＯＨ）やタクシー広告の制作を大手広告代理店だけでなく、タクシー広告関連会社やローカルの制作企業等も請け負い始めました。さらに、配信コントロールが細かくできたり、リアルタイム計測ができたりといったデジタルマーケティングの強みを融合し、効果検証も可能になりました。広告業界と関係のなかった業界も、自らメディアとなりデジタルサイネージを使用することで、これまでよりも多様なデータを取得し、配信や分析に活用する試みも始まっています。

マーケティング業界への参入ラッシュの背景には、業界限らずどこの企業も、第二の事業の柱を立てたいという思惑にあります。これも1つの欲望と言えるでしょう。タクシー会社であれば、タクシーを走らせるだけの収益だけではなく、タクシー広告も自ら手がけ、地元企業とタイアップして販促活動をサポートすることで、新たな収益源を生み出せるかもしれません。自社が持っているアセットを生かして、一般ユーザーを相手にする〝toCビジネス〟だけではなく、企業を相手にする〝toBビジネス〟をできないかと多くの企業が考え始めたのです。

そして、自社のアセットを「メディア」として捉え、デジタル化の波を生かしてそのメディアを広告枠として売るという結論に、各業界が辿り着いたのでした。

デジタル広告で使えるテンプレートも増えました。個人が収益のために、ブログにアフィリエイトの仕組みを取り入れたように、企業も自分たちのホームページにアフィリエイトサービスを埋め込むことで、収益化できることに気づいたのです。その典型がタレント事務所や音楽プロダクションです。大手の芸能事務所や音楽プロダクションは、自社のYouTubeチャンネルを次々に開設。所属アーティストのプロモーションビデオ等を公開し、その広告収入を新たな収益の柱にしているのです。

06 広告を排除したい生活者

「メディア」が増え、広告の絶対的な数自体が増えることで、今まで広告に接触しなかった場所でも広告に触れるようになり、生活の中で「広告のある場面」が劇的に増加しました。それにより、自分が触れて「不快に感じる」「不必要に感じる」広告の量を減らしたいという生活者の欲望も、無視できなくなってきました。Amazon Prime VideoやNetflix、Hulu、U-NEXT、YouTube Premium等、広告のない有料動画サブスクリプションサービスの加入者数も増えています。しかし企業側には、どうしても自社の情報に接触させたいという欲望があります。その結果、強制的に接触させる広告とは別に、忌避感を持たれにくい「コンテンツマーケティング」にも力を入れるようになりました。

コンテンツマーケティング自体は、2010年代前半から始まったコラボマーケティングや、SNSやオウンドメディア等のデジタル領域では一般化していましたが、さらにそれがマスメディアにも広がっていったのです。マスメディア側も、企業とのタイアップ番組や、映画やテレビドラマ内に実在する商品等を登場させるプロダクトプレイスメント等に力を入れるようになりました。

広告のコンテンツ化の先に置かれているのは、自社事業化です。自社事業のマーケティング活動の一環としてのコンテンツ活用ではなく、コンテンツビジネスに参入するのです。そしてさらにその先には、自社のコンテンツビジネスを活用した、広告ビジネスもあるでしょう。広告主であり、コンテンツホルダーであり、広告事業者でもある。そんな企業が今後増えていくかもしれません。

8
章

KEYWORD

インフルエンサーマーケティング
インフルエンサーの発信力を活用したマーケティング手法

マイクロインフルエンサー
SNSフォロワー数千人〜10万人で、細分化された領域で強い影響力を持つ人物

キュレーションメディア
まとめサイトに代表されるような、膨大な情報の中から選別、整理して届けるメディア

GAFA（ガーファ）
アメリカのプラットフォーム企業4社の頭文字をつないだ造語

ビッグデータ
一般的な技術では管理することが難しい膨大なデータ群

MMM
広告、店頭販促、価格、季節性といった各要因のマーケティング目標への影響度合いを分析する手法

コラム①

日本のクリエイティブはデジタルにどう影響を受けたのか

世界的なクリエイティブの祭典「カンヌ国際広告祭」(現 カンヌライオンズ国際クリエイティビティ・フェスティバル)で、初めてデジタルに関係するサイバー部門が設立されたのは1998年。

今や他国の勢いに押されてしまっていますが、実は日本は2000年代まで、世界的に評価されるサイバー作品の宝庫でした。グランプリをはじめ、金賞、銀賞に日本の作品がずらり。一部のインタラクティブ系クリエイターだけでなく、学生時代にパソコンでデジタルを身近に楽しんでいた若いクリエイターたちは、デジタルを使った新しい表現、インタラクティブで新しいブランド体験を作り出すことに躍起になっていました。

当時のテレビCMのクリエイティブは、徒弟制も根強く残っており、なかなか若手のアイデアがそのまま採用されることが少ない中、デジタルの領域は、当時のクリエイティブディレクター世代が得意としていなかったこともあり、若手がすぐに活躍できる領域だったことも日本のインタラクティブ広告が躍進した要因の1つだったと思います。テレビCMだけを見ていると、検索窓と検索キーワードが提示されるようになったり、「続きはWebで」とキャンペーンサイトに誘導するようになったりと、クリエイティブの大きな変化が感じられないものでしたが、実は2000年代のデジタルクリエイティブは日本が牽引していたのです。

2000年代も後半になるにつれ、デジタルを活用した施策の存在感が大きくなっていきました。当初は、テレビCMのおまけのような位置づけだったキャンペーンサイトでしたが、インテグレーテッド・キャンペーンという概念が浸透し始め、キャンペーンのメインパーツはデジタル領域に作られることが増えていきました。

ブログ等一般生活者が自由に情報発信できる情報環境変化により、企業の一方的なメッセージ広告の効果が減り、顧客とブランドの絆を大事にしようというエンゲージメントの発想が生まれたのもこの頃です。それに従い、広告ではなく「顧客が楽しんでもらえるコンテンツ」を作ろうという意識も高まってきました。そのコンテンツが置いてあるサイトに人々を誘導することがテレビCMの役割になってきたのです。映画に例えるならば、今まではテレビCMが本編で、キャンペーンサイトは好きな人だけが見るスピンオフムービーだったのが、キャンペーンサイトや企業サイトが本編で、テレビCMは予告編のような扱いになっていったのです。必然的にプランニングする順番も〝テレビ→デジタル〟から〝デジタル→テレビ〟へ変わり、テレビCMで描かれることや語られることの内容も変わっていきました。

２０１０年代に入り、スマートフォンと共にＳＮＳが日本にも広く定着するようになり、クリエイティブ領域ではＵＧＣ（ユーザージェネレーテッドコンテンツ）の活用が加速しました。ＵＧＣの概念そのものは２０００年代前半からありましたが、より一般的に多くの人が参加できるようになったのが２０１０年代前半です。

この頃には顧客とのエンゲージメントをより強くするために、キャンペーンやブランド作りに「参加」してもらおう、という考え方が主流になりました。ＳＮＳプラットフォームを使って、投票や投稿というかたちで参加を募り、その結果も再び世の中に出していくタイプのキャンペーンです。「バズる」という考え方もクリエイティブに大きな影響を与えました。ＳＮＳ上で話題となり、それがネットニュースやテレビ番組で紹介されたりすると、広告投資以上のリーチが見込めるのです。クリエイターたちは「いかにしてバズらせるのか」ということに苦心するようになりました。２０００年代までは「ブランドのメッセージを強く印象的に届ける」ためのクリエイティブ、2000年代後半は「顧客にもっと好きになってもらう」ためのコンテンツ発想のクリエイティブ、そして2010年代になり「いかに生活者にツッコんでもらう余白を計算して作るか」という発想に変わっていきました。

2010年代後半、また再びクリエイティブには大きな変化の波が到来しました。広告業界の主戦場がデジタルにうつり、獲得したいターゲットセグメントにより精度高く広告が届けられるようになりました。広告効果も細かに計測ができるようになり、より効果的なタイミングに効果的な広告を届けるために、多いときは数十種類、少なくとも2~3種類の広告素材を作ることが多くなりました。

効果的な広告作りのためのラーニングも進み、そのラーニングに則って広告を制作することが増えていきます。クリエイターにとっては少し息苦しい時代の到来とも言えるかもしれません。もちろん、課せられた法則や数秒という短い時間の中で、新たなクリエイティビティを模索し続けているクリエイターはたくさんいます。ですが、短期的な効果獲得をより追い求めるようになった結果、「なんかいい」「すてき」といった中長期的なブランドイメージ向上目的の施策は減り、テーマが狭まりました。個人の目先の欲望を煽ることが中心で、新しい欲望の創出や社会価値の提示訴求等、広告を使った大きな範囲への影響力を目指すことが減ってきています。それが広告表現の自由度を下げることに繋がり、過去にない新しい表現への挑戦も減っていきます。短期間で複数のクリエイティブを、かつてのテレビＣＭよりも低予算で作らなければ評価されにくい風潮が強まっています。

一方で、コミュニケーション全体に視野を広げれば、クリエイターの活躍の場所は格段に増えました。世界的にＤＸが推進される中、デジタルプラットフォーム上での顧客のブランド体験が重要になってきているからです。いかにＤＸに顧客を魅了するクリエイティビティを注入するかが、今後のブランドの成否の鍵となっていると感じます。

広告業界のクリエイターたちは20年以上にわたり、「デジタル」によって活躍の場が次々に開放されてきました。デジタルによってアンロックされた扉の向こうの世界へと進み続け、進化してきたのです。

近々にはビッグデータやAIによるディープラーニング等によって、また新たなクリエイティブの世界の扉が開こうとしています。しかしすべては手段でしかありません。企業の持続的成長にいかに寄与するか、そのために複数ある手段の1つでしかないのです。学び続けることは大事ですが、新しければいい、というわけではありません。トラディショナルな方法だからといって効果がない、というわけでもありません。無限に増え続ける手段の中から、最善な一手を選び抜き、研ぎ澄ますことがクリエイターの仕事だと言えないでしょうか。

コラム②

世界のプライバシー・データ保護はどう変化するか

インターネット広告はこれまで、広告の配信対象をどのような手法でグルーピングするかの下に成長してきたとも言えます。そのグルーピングのためにさまざまなインターネット上の行動履歴が活用されています。そうして生み出された広告収益がインターネットのさまざまな無料サービスを成り立たせ、ユーザーにとっても有益な情報に触れやすくしました。

しかし行動履歴等のデータは、サービスの質を高める半面、知らぬ間に悪用されるリスクがあります。そのリスクに改めて世界の目を向けたのが、イギリスのデータ分析会社ケンブリッジ・アナリティカがFacebookのユーザーデータを不正に取得したとされた、２０１８年3月の事件です。同社はこの疑惑により大きな非難を浴びます。さらに、データを悪用されたFacebookも、プラットフォーマーとしての管理を厳しく追及されることになったのです。

ときを同じくして、同年5月から「一般データ保護規則（ＧＤＰＲ：General Data Protection Regulation）」がＥＵで施行されました（２０１６年4月27日に採択され、2年間の移行期間の後、２０１８年5月25日から適用）。このＧＤＰＲを大きなきっかけとして、全世界的にインターネットにおけるプライバシー・データ保護の認識が変化します。

ＧＤＰＲはＥＵ域内に適用される法令で、データ収集する際に、個人データについての利用の明示、利用についての承諾を得ること等を詳細に定めています。その特徴として、規制に違反したときに多額の制裁金が課せられるということがあります。ＥＵに商品やサービスを提供している企業や、ＥＵ

に子会社や支店等を有している企業等、ＥＵ域内で活動する企業だけではなく、ＥＵ域内に住む個人のデータを取り扱う場合は、企業規模にかかわらず対応が求められます。

インターネットの普及によってグローバルにサービスを提供し、個人データを収集し、使用している多くの日本企業にとってもＧＤＰＲへの対応が必要となりました。また、保護の対象も厳格化されました。画像、映像、音声、Ｅメールアドレスの他、従来は個人データとは見なされてこなかった従業員ＩＤやＩＰアドレス、Cookie等も、個人データとして保護されます。これ以降、ＧＤＰＲは欧州地域での統括的なプライバシー法となり、各国法も厳格化に向かっています。

その後、２０２０年1月にアメリカのカリフォルニア州で施行された州法が「カリフォルニア州消費者プライバシー法（ＣＣＰＡ：California Consumer Privacy Act）」です。ＣＣＰＡが施行されたカリフォルニア州は、アメリカ国内で最も人口が多く、世界的なＩＴ業界が集約するシリコンバレーや、ハリウッド、大企業が集まる州です。経済的にも影響力を持った州であるため、他の州もこの動きに追随し、GDPRが欧州地域での統括的なプライバシー法となったように、CCPAがアメリカにおけるプライバシー法の基準となる可能性もあります。

日本では2020年6月5日に「改正個人情報保護法」が成立し、2022年4月1日から施行される予定です。2003年に制定された個人情報保護法は、3年ごとに見直すとされていて、2015年の改正以降の社会・経済情勢の変化を踏まえ、見直しが進められてきましたが、今回はGDPRやCCPAをはじめ、海外でのプライバシー法も意識した改正になると言われています。同様にブラジルでも、GDPRやCCPAの影響を受けた「個人情報保護法（LGPD：Lei Geral de Proteção de Dados Pessoais）」が（2020年8月16日施行予定を、新型コロナウイルス禍の影響を受けて延期）、中国で2021年8月20日に「個人情報保護法（中华人民共和国个人信息保护法）」が成立しています。

これらの法規制と共に注視すべきなのが、サードパーティCookieの扱いに関する動きです。Cookieには、ファーストパーティ/サードパーティの2種類があります。ファーストパーティCookieはアクセスしているサイト、つまりアドレスバーに表示されているサイトによって作成されるデータ。それに対しサードパーティCookieは、アクセスしているサイトではなく、ページ内に表示されているコンテンツの一部（広告、画像等）を所有しているサイトによって作成されます。

これら「Cookieで得られるデータ」と「その他の個人データ」との照合には事前の同意を得ることが必要です。その一方、アップルの標準ブラウザである「Safari」ではサードパーティCookie自体を2020年3月に完全ブロック。Googleも、ブラウザ「Chrome」でのサードパーティCookieのサポートを2023年までに段階的に終了すると発表しました。

これからのデジタルマーケティングはプライバシー・データ保護を抜きに

しては語れなくなります。なぜデータを取得するのか、どう活用するのかをユーザーにしっかり説明した上で、それを好まない人がデータ取得を停止したり削除要求したりできる仕組みを作る。または、データを提供することによってユーザーが得られるメリットをきちんと理解してもらい合意を得る。法令遵守という側面だけでなく、ブランディングの観点からも、企業側により高いプライバシー意識が求められているのです。

おわりに

インターネット広告からデジタルマーケティングを振り返ろうという試みは、さらに広く、インターネット史全体を振り返ることになっていたと気づかされます。

テクノロジーの進化は、必ずそれまで誰かが占有してきた利権や既得権益を、多くの人に解放します。石炭による産業革命も、貧困層を労働から解放しました。産業革命は労働問題や環境問題の点から、歴史的には悪に見えます。しかし、もとはといえば、封建制度に苦しんでいた農民が都市に出て、自分たちの時間を売ることで、貴族から独立できたという話なのです。このような視点に立つと、情報発信や双方向型のコミュニケーション、商取引の「民主化」はインターネットというテクノロジーがもたらしたものです。そして２０００年代に始まった「Ｙｏｕ（あなた）」が主役の時代に、広告業界のさらなる民主化運動が進んでいるようにも見えてきます。さらには、民主化による解放の先、広告とコンテンツ、広告主と広告事業者とコンテンツホルダーと生活者の境界線の溶解が始まっています。

広告はインターネット広告の登場以前から、それこそ人類の歴史と共に存在します。現在わかっている最古の広告は数千年前のバビロニアで、煉瓦に刻まれた象形文字とされています。

日本における近代的な広告産業に目を向ければ、1890〜1900年には、すでに広告代理店が登場しています。そこから新聞広告、雑誌広告、交通広告、ラジオCM、テレビCM等が次々と発展し、インターネット広告が登場したのがようやく1990年代。インターネット広告は、それから20年あまりのうちに、「インターネット広告なんて」と考えられていたところから「インターネット広告も」、さらには「まずはインターネット広告から」へと立場を大きく変えました。

そもそも広告が人類の歴史と共に存在してきたのは、それが人を動かす「欲望」と深く結びついているからに他なりません。そこでここまで、『欲望で捉えるデジタルマーケティング史』と題して、インターネット広告、そしてデジタルマーケティングの変遷についても「欲望」という視点で辿ってきました。

欲望のあり方は、時代によってシフトするものです。もちろん、持ち主の立場によっても欲望は異なり、対立することもあるでしょう。一方で、企業と生活者の距離感が縮まったことによって、お互いに尊重する態度が生まれたこともインターネットが生んだ側面の1つです。この変化や立場の違いをマーケティングがどう捉えるかが重要なのです。

インターネットが広がったのも、インターネットが広告メディアとなったのも、黎明期のインターネットユーザーの欲望によるものでした。また、既存のメディアに比べて、懐疑的に見られていたインターネット広告の概念を覆し、価値を認めさせたいというインターネット広告の担い手の欲望がテクノロジーの進化を後押ししました。さまざまなコミュニケーション手法、インターネット広告の自動化、効率化も、生活者や広告主の欲望に応えて生まれたものです。そしてインターネットがメディアとしての存在感を増すにつれ、広告業界全体にも新たな欲望が生まれたり、変化を促したりしています。

しかし、もちろんまだ「解決」されていない欲望も残されています。例えば、7章で触れたブランディングやクリエイティブの課題。プライバシーとデータ活用の両立。顕在化していない欲望も、きっとあるはずです。あるいは今後、今は想像もつかないような、まったく新しい広告メディアが登場することもあるかもしれません。そうしたときにも、インターネット広告が広告業界をどう変えたのか、変えようとしているのか、その中で何が変わらず大切なのかを振り返ることが、マーケターの手助けとなるに違いないと思っています。

森永真弓（もりなが・まゆみ）

株式会社博報堂DYメディアパートナーズメディア環境研究所 上席研究員。通信会社を経て博報堂に入社し現在に至る。コンテンツやコミュニケーションの名脇役としてのデジタル活用を構想構築する裏方請負人。テクノロジー、ネットヘビーユーザー、オタク文化研究などをテーマにしたメディア出演や執筆活動も行っている。自称「なけなしの精神力でコミュ障を打開する引きこもらない方のオタク」。WOMマーケティング協議会理事。共著に『グルメサイトで★★★（ホシ3つ）の店は、本当に美味しいのか』（マガジンハウス）がある。

欲望で捉えるデジタルマーケティング史

2022年4月15日　初版第1刷発行

著者：森永真弓

発行者：落合美砂
発行所：株式会社太田出版
〒160-8571　東京都新宿区愛住町22第3山田ビル4F
電話　03-3359-6262
ファックス　03-3359-0040
振込口座　00120-6-162166
URL　http://www.ohtabooks.com

印刷：（株）シナノパブリッシングプレス

装画：坂内 拓
デザイン：岩間良平（trimdesign）
編集：稗田竜子（株式会社博報堂ケトルSTOVEカンパニー）
協力：太田郁子

ISBN978-4-7783-1790-4